CUISINE
DE NOS RÉGIONS

Provence

EDITIONS ATLAS

Sommaire

Les plats 34

Les desserts 64

Clafoutis provençal au fenouil

• *Préparation* ***30 min*** • *Cuisson* ***1 h 10*** • *Pour* ***6 personnes***

Ingrédients

• 1 cœur de céleri-branche • 2 bulbes de fenouil • 2 courgettes • 3 poivrons rouges • 2 oignons • 1 gousse d'ail • 2 cuillerées à soupe d'huile d'olive • 1 brin de romarin • 60 g de beurre • 125 g de farine • 3 œufs • 20 cl de lait • Ciboulette • Sel et poivre

1 **Lavez le céleri, le fenouil, les courgettes et les poivrons. Épépinez ces derniers. Taillez le tout en julienne. Épluchez les oignons et l'ail et hachez-les.**

2 **Faites chauffer l'huile d'olive dans une poêle et faites-y revenir les oignons pendant 2 min. Ajoutez la julienne de légumes et le romarin. Laissez cuire pendant 10 min en remuant.**

3 **Couvrez et poursuivez la cuisson pendant encore 5 min. Les légumes doivent rester légèrement croquants. Salez, poivrez.**

4 **Faites fondre 50 g de beurre. Versez la farine et 1 pincée de sel dans un saladier et ajoutez les œufs entiers. Mélangez. Incorporez le lait en remuant sans arrêt, puis le beurre fondu. Poivrez.**

5 **Beurrez un plat à tarte, disposez-y les légumes (retirez la branche de romarin) et recouvrez de pâte. Faites cuire au four préchauffé à 180 °C pendant 55 min.**

6 **Servez chaud ou tiède, parsemé de ciboulette ciselée, et accompagnez d'une salade de mesclun.**

LE FENOUIL

Du latin foeniculum, *« petit foin », le fenouil est très présent dans le bassin méditerranéen, où on le trouve à l'état sauvage au bord des routes ou près de la mer. Il est récolté en Provence entre juin et octobre. Tout se consomme dans le fenouil : le bulbe (cru ou cuit), les tiges, les feuilles ou encore les graines (condiments).*

Poutargue

• *Préparation* **30 min** • *Repos* **4 jours** • *Pour* **6 personnes**

Ingrédients

• 3 kg de gros sel • 2 poches d'œufs de mulet • 10 cl d'huile d'olive • 25 cl de crème fraîche épaisse • Le jus de 1 citron • Piment de Cayenne

1 Déposez la moitié du gros sel en couche épaisse au fond d'une terrine. Posez les poches d'œufs de mulet par-dessus et recouvrez avec le reste de gros sel. Réservez au frais pendant 48 h.

2 Faites dessaler les œufs de mulet dans de l'eau pendant 12 h, en changeant l'eau au moins une fois. Faites-les sécher au frais pendant 48 h.

3 Quand les poches ont séché, retirez la fine peau qui recouvre les œufs et mixez ceux-ci avec l'huile d'olive, la crème fraîche, le jus de citron et 1 pincée de piment de Cayenne. Servez.

LES ŒUFS DE MULET

Les œufs de mulet sont plus ou moins orangés : leur couleur est renforcée par l'alimentation du poisson (algues ou gastéropodes) et par la méthode de séchage (soleil ou lumière artificielle). Ils n'ont quasiment aucun goût ; c'est le sel de séchage qui réveille et concentre les saveurs. On raconte que les anciens pêcheurs aimaient tremper leur pain beurré et tartiné de poutargue dans leur café au lait du matin !

Poivrons marinés

• *Préparation* **15 min** • *Cuisson* **30 min** • *Pour* **6 personnes**

Ingrédients

• 2 poivrons rouges • 2 poivrons verts • 2 poivrons jaunes • 4 gousses d'ail • 1 brin de thym • 8 cl d'huile d'olive • Pignons de pin • Sel et poivre

1 Lavez les poivrons et faites-les griller, entiers, pendant 30 min. Retournez-les régulièrement.

2 Pelez-les tant qu'ils sont encore chauds. Éliminez le pédoncule et les graines. Détaillez les poivrons en larges lanières, dans le sens de la longueur. Rincez-les et essuyez-les avec du papier absorbant avant de les déposer sur un plat de service : alternez les couleurs des lanières et placez-les dans le même sens. Salez et poivrez.

3 Pelez l'ail, dégermez-le et écrasez-le. Ajoutez-le sur les poivrons. Parsemez ceux-ci de thym frais ciselé. Arrosez d'huile d'olive en filet. Couvrez et laissez mariner pendant 12 h au frais.

4 Au moment de servir, faites griller des pignons de pin à sec et répartissez-les sur les poivrons marinés.

LE DICTON DE L'AIGO

« L'aigo bouido sauvo la vido mai au bout d'un tèms yuo li gènt ! » *autrement dit : « l'aïgo bouido sauve la vie, mais au bout d'un temps tue les gens ! » Cette soupe claire se consomme après avoir fait bombance, elle fait office de jeûne. Mais en manger beaucoup, c'est être fêtard, et donc prendre des risques...*

Aigo bouido

• *Préparation* ***5 min*** • *Cuisson* ***15 min*** • *Pour* ***4 personnes***

Ingrédients

• 6 gousses d'ail • 1 cuillerée à café de gros sel • 6 feuilles de sauge fraîche • 1 brin de thym frais • 1 feuille de laurier • 1 jaune d'œuf • 4 fines tranches de pain de campagne un peu rassis • 5 cl d'huile d'olive • Poivre

1 **Pelez les gousses d'ail, dégermez-les et écrasez-les grossièrement.**

2 **Versez 1 l d'eau dans une casserole. Ajoutez les gousses d'ail écrasées et le gros sel. Portez à ébullition et faites cuire pendant 10 min. Ajoutez la sauge, le thym et le laurier. Retirez du feu, couvrez et laissez infuser pendant 5 min.**

3 **Retirez les aromates à l'aide d'une écumoire. Mettez le jaune d'œuf dans une soupière chaude et versez le bouillon par-dessus en fouettant vivement.**

4 **Placez les tranches de pain dans des assiettes creuses, arrosez-les d'un filet d'huile d'olive et versez le bouillon par-dessus. Poivrez et dégustez.**

Omelette d'asperges

• *Préparation* ***10 min*** • *Cuisson* ***10 min*** • *Repos* ***30 min***
• *Pour* ***4 personnes***

Ingrédients

• 400 g de pointes d'asperges sauvages • 3 cuillerées à soupe d'huile d'olive
• 8 œufs • Sel et poivre

1 **Lavez les pointes d'asperges. Faites-les blanchir pendant 2 min dans de l'eau bouillante salée. Égouttez-les et rincez-les. Faites-les revenir pendant 1 min à la poêle dans l'huile d'olive.**

2 **Cassez les œufs et battez-les. Salez, poivrez et ajoutez les pointes d'asperges sautées. Laissez reposer pendant 30 min de façon que le parfum des asperges imprègne les œufs.**

3 **Faites chauffer la poêle ayant servi à la cuisson des asperges et versez-y la préparation. Faites cuire pendant quelques minutes d'un côté, retournez l'omelette, faites cuire pendant encore quelques minutes puis faites-la glisser dans un plat de service.**

4 **Servez aussitôt avec une tranche de jambon de pays.**

Salade niçoise

• *Préparation* ***20 min*** • *Cuisson* ***8 min*** • *Pour* ***4 personnes***

Ingrédients

• 4 œufs • 4 tomates • 4 cœurs d'artichauts violets • 1 petit poivron vert • 8 radis • 1 gousse d'ail • 2 cébettes • 8 févettes • 200 g de thon au naturel en boîte • 16 olives noires de Nice • 8 filets d'anchois • Feuilles de basilic • Huile d'olive • Sel et poivre • Vinaigre de vin rouge (facultatif)

1 **Faites durcir les œufs en les laissant cuire pendant 8 min après ébullition de l'eau. Passez-les sous l'eau froide pour les faire refroidir. Écalez-les et coupez-les en quartiers.**

2 **Lavez les légumes. Coupez les tomates et les cœurs d'artichauts en quartiers. Taillez le poivron en lanières et les radis en rondelles.**

3 **Frottez l'intérieur d'un saladier avec la gousse d'ail. Versez-y les cébettes émincées, les févettes, les quartiers d'artichauts et de tomates, les lanières de poivron, les rondelles de radis, le thon égoutté, les olives et les filets d'anchois. Parsemez de basilic ciselé.**

4 **Salez, poivrez et arrosez d'un filet d'huile d'olive et, si vous le souhaitez, de vinaigre de vin. Réservez au frais avant de servir.**

VRAIE OU FAUSSE ?

À l'origine, la salade niçoise se réduisait à des tomates arrosées d'huile d'olive, des oignons et des anchois. La vraie salade niçoise ne contient donc pas de : pommes de terre, haricots verts, betteraves rouges, gros poivrons, laitue, tomates cerises. Pourquoi y a-t-il autant de « fausses » salades niçoises ? La faute aux Parisiens qui, au début du XXe siècle, lors de leurs séjours à Nice, ont baptisé ainsi la salade de tomates… et l'ont ensuite agrémentée à leur guise !

Soupe au pistou

• *Préparation* ***45 min*** • *Cuisson* ***1 h 30***
• *Pour* ***4 personnes***

Ingrédients

Pour la soupe :
• 1 jarret de porc • 200 g de haricots verts plats • 250 g de haricots blancs frais • 200 g de haricots rouges • 4 pommes de terre • 3 courgettes • 1 branche de céleri • 3 tomates • 100 g de spaghettis coupés en petits morceaux ou de coquillettes • Sel et poivre

Pour le pistou :
• 5 gousses d'ail • 1 bouquet de basilic • 8 cl d'huile d'olive • Fleur de sel • Poivre

1 Placez le jarret dans un faitout, recouvrez de 3 l d'eau froide. Portez à ébullition, écumez et laissez cuire à ébullition pendant 1 h.

2 Équeutez les haricots verts et coupez-les en morceaux. Écossez les haricots blancs et rouges. Rincez-les. Pelez les pommes de terre et les courgettes. Lavez la branche de céleri. Coupez ces légumes en morceaux. Plongez les tomates dans de l'eau bouillante pendant 30 s, retirez la peau, épépinez-les et concassez-les.

3 Ajoutez les légumes dans le faitout. Salez, poivrez et laissez cuire pendant 20 min. Ajoutez les pâtes dans le faitout. Poursuivez la cuisson pendant 10 min.

4 Pour le pistou, épluchez les gousses d'ail et dégermez-les. Lavez et essuyez les feuilles de basilic. Broyez dans un mortier l'ail et le basilic avec 1 pincée de fleur de sel. Ajoutez l'huile d'olive et du poivre. La préparation doit être assez épaisse.

5 Déposez le pistou dans une soupière et versez la soupe par-dessus. Remuez et servez.

Crumble aux bettes

• *Préparation* ***30 min*** • *Cuisson* ***40 min***
• *Pour* ***4 personnes***

Ingrédients

Pour la garniture :
• 2 gousses d'ail • 1 botte de bettes • 2 cuillerées à soupe d'huile d'olive • 2 tomates • Origan • Beurre

Pour le crumble :
• 150 g de farine • 2 cuillerées à soupe d'huile d'olive • 1 bûche de chèvre • 70 g de noisettes concassées • 2 cuillerées à soupe de pignons de pin • Sel et poivre

1 **Pelez les gousses d'ail et hachez-les. Épluchez les côtes des bettes et coupez-les en tronçons. Faites-les blanchir pendant 5 min dans de l'eau bouillante salée, rincez-les à l'eau froide, égouttez-les puis faites-les revenir pendant 5 min à feu vif dans l'huile d'olive avec l'ail haché. Salez et poivrez.**

2 **Pelez les tomates et coupez-les en dés. Ajoutez-les aux bettes. Parsemez d'origan. Versez le tout dans un plat à gratin préalablement beurré.**

3 **Préparez la pâte du crumble : mélangez du bout des doigts la farine, l'huile d'olive, le fromage de chèvre coupé en dés, les noisettes concassées et les pignons de pin.**

4 **Versez cette préparation dans le plat. Faites cuire au four préchauffé à 210 °C pendant 30 min. Servez chaud ou tiède.**

LES BETTES À CARDE OU BLETTES

Cette plante potagère doit sa survie à la passion que le sud lui voue, et pour cause ! Voici deux légumes en un : ses feuilles se cuisinent comme des épinards, et ses côtes (les cardes) comme des asperges ! On les parfume d'herbes du maquis et de condiments, voire même de sucre comme dans la tourte niçoise. À Nice, on raffole aussi de ses feuilles préparées en raviolis.

Sorbet à la tomate et au basilic

• *Préparation* ***20 min*** • *Cuisson* ***1 min*** • *Pour* ***4 personnes***

Ingrédients

• 800 g de tomates charnues + 4 belles tomates pour le service • 12 feuilles de basilic • 2 cuillerées à soupe d'huile d'olive • 2 cuillerées à soupe de sucre en poudre • Le jus de 1/2 citron • Sel et poivre

1 **Plongez les tomates pendant 1 min dans de l'eau bouillante puis dans de l'eau froide afin de retirer la peau facilement. Épépinez-les et mixez-les.**

2 **Filtrez le jus des tomates au travers d'un chinois. Mélangez la chair avec 8 feuilles de basilic ciselé, l'huile d'olive, le sucre et le jus de citron. Salez et poivrez. Versez dans une sorbetière et faites turbiner.**

3 **Pour servir, évidez 4 tomates fraîches, salez le fond et déposez une boule de sorbet à l'intérieur. Décorez de feuilles de basilic.**

UNE TÊTE BIEN FAITE

Une tête d'ail est composée de 3 à 20 caïeux (ou gousses). Dans l'Égypte ancienne, l'ail était réputé donner de la force. Les guerriers romains, eux, portaient une tête d'ail autour du cou pour se prémunir du mauvais sort. Les voyageurs lui faisaient confiance contre les périls de la route, les marins contre les naufrages, les toréadors contre les charges du taureau.

Aïoli

• *Préparation* ***15 min*** • *Pour* ***6 personnes***

Ingrédients

• 6 gousses d'ail • 25 cl d'huile d'olive • 1 jaune d'œuf • 1 cuillerée à café de jus de citron (facultatif) • Sel

1 **Pelez les gousses d'ail. Coupez-les en deux dans le sens de la longueur. Placez-les dans le bol d'un mortier, ajoutez 1 pincée de sel et écrasez avec le pilon en versant 1 cuillerée d'huile d'olive jusqu'à obtenir une crème lisse.**

2 **Incorporez le jaune d'œuf et fouettez en ajoutant peu à peu le reste d'huile pour faire monter la sauce, comme pour une mayonnaise classique.**

3 **Dès que la préparation est ferme, ajustez l'assaisonnement et, si vous le souhaitez, incorporez le jus de citron.**

4 **L'aïoli se déguste avec des œufs durs, des escargots, des crudités ou des légumes bouillis. Il se conserve quelques jours au réfrigérateur.**

L'ANCHOIS

Ce poisson naviguant dans les eaux chaudes de la Méditerranée occupe une grande place dans la cuisine provençale. L'étêtage et l'éviscération sont pratiqués à la main, comme autrefois. Rarement vendu et consommé frais, on le trouve surtout en conserve : filets à l'huile ou salés (à faire dessaler avant emploi, plongé dans de l'eau, du lait ou du vinaigre de vin).

Feuilletés aux anchois

• *Préparation* ***20 min*** • *Cuisson* ***15 min*** • *Pour* ***8 personnes***

Ingrédients

• 24 filets d'anchois • 2 rouleaux de pâte feuilletée • 20 cl de lait • 50 g de beurre • 20 g de farine • 2 jaunes d'œufs • 1 œuf entier • Sel

1 **Faites dessaler les filets d'anchois pendant 5 min dans de l'eau froide, puis essuyez-les dans du papier absorbant. Écrasez 4 filets d'anchois dans un bol et réservez.**

2 **Découpez un grand carré dans chacun des 2 rouleaux de pâte feuilletée puis détaillez-les en petits carrés.**

3 **Faites chauffer le lait. Dans une autre casserole, faites ramollir le beurre en remuant. Dès qu'il est ramolli, incorporez la farine sans cesser de remuer. Ajoutez le lait et remuez pendant encore 5 min.**

4 **Hors du feu, ajoutez les 2 jaunes d'œufs puis la purée d'anchois et remettez à cuire en remuant jusqu'à l'obtention d'une crème épaisse.**

5 **Laissez refroidir puis répartissez cette crème sur la moitié des carrés de pâte. Déposez 1 demi-filet d'anchois sur chacun puis recouvrez d'un autre carré de pâte. Appuyez pour les souder. Dorez le dessus au pinceau trempé dans l'œuf battu.**

6 **Faites cuire au four préchauffé à 180 °C pendant 15 min. Laissez refroidir pendant quelques minutes avant de déguster, avec une salade de roquette.**

Cake à la provençale

• *Préparation* ***20 min*** • *Cuisson* ***45 min*** • *Pour* ***6 personnes***

Ingrédients

• 10 tomates séchées à l'huile • 1 poivron vert • 1 picodon • 1 oignon • 2 gousses d'ail • 2 cuillerées à soupe d'huile d'olive • 180 g de farine • 1 sachet de levure • 3 œufs • 10 cl de vin blanc • 20 olives noires dénoyautées • Herbes de Provence • Sel et poivre

1 **Égouttez les tomates séchées sur du papier absorbant. Lavez le poivron, épépinez-le et taillez-le en dés. Coupez le fromage en morceaux. Pelez l'oignon et l'ail puis émincez-les et faites-les revenir dans une poêle avec 1 cuillerée à soupe d'huile d'olive.**

2 **Mélangez la farine, la levure et 1 pincée de sel. Incorporez les œufs entiers un à un. Délayez avec le vin blanc et le reste d'huile d'olive.**

3 **Ajoutez l'oignon et l'ail revenus, les dés de picodon, les morceaux de tomates, les dés de poivron et les olives. Mélangez et poivrez. Parsemez d'herbes de Provence.**

4 **Versez la préparation dans un moule à cake beurré. Faites cuire au four pendant 30 min à 180 °C, puis baissez la température à 160 °C et poursuivez la cuisson pendant encore 15 min.**

5 **Démoulez le cake dès la sortie du four. Laissez refroidir sur une grille avant de servir.**

LE CEBO, L'OIGNON PROVENÇAL

L'oignon doux des Cévennes, du Languedoc-Roussillon et de Rhône-Alpes, doté d'une AOC, a une chair juteuse, sans amertume mais avec un petit goût de châtaigne. En Provence est aussi cultivé l'oignon rouge pâle de Salon, réputé pour sa douceur et qui se consomme cru, émincé ou haché, dans les salades à base de tomates, poivrons… Il entre dans la préparation des farcis niçois : cuit, entier, dans sa peau, à l'étouffée ! Et détaillé en rondelles, il est une composante du tian.

Avoucanado

• *Préparation* ***15 min*** • *Pour* ***4 personnes***

Ingrédients

• 8 filets d'anchois au sel • 100 g d'olives noires • 1/2 citron • 1 gousse d'ail • 2 avocats mûrs • 2 cuillerées à soupe d'huile d'olive • Poivre

1 **Faites dessaler les filets d'anchois dans de l'eau froide pendant 5 min.**

2 **Dénoyautez les olives. Pressez le jus du demi-citron. Pelez, dégermez et écrasez l'ail dans un mortier. Retirez la peau et le noyau des avocats et coupez la chair en dés.**

3 **Mixez les dés d'avocat avec les olives, les anchois et l'ail en incorporant peu à peu l'huile d'olive et le jus de citron. Donnez 2 tours de moulin à poivre.**

4 **Étalez sur des tartines de pain de campagne grillées. Conservez le reste au réfrigérateur pendant 3 jours maximum.**

UN CLASSIQUE REVISITÉ

L'avoucanado *est une variante de la tapenade proposée par Guy Gedda, chef provençal, né dans une famille de cuisiniers et reconnu comme l'un des grands spécialistes de la cuisine provençale. Sa culture culinaire provient de ses grands-parents et il affirme que la langouste à l'armoricaine n'est ni bretonne ni américaine, mais bel et bien provençale !*

Soupe glacée de radis au concombre

• *Préparation* ***20 min*** • *Repos* ***1 h*** • *Pour* ***4 personnes***

Ingrédients

• 1 concombre • 8 yaourts brassés • 2 citrons • 2 cuillerées à soupe de graines d'anis • 1 cuillerée à soupe d'huile d'olive • 20 feuilles de menthe • 2 bottes de radis roses • Sel et poivre

1 **Lavez le concombre, puis râpez-le, sans le peler (utilisez une grosse râpe). Salez-le généreusement et laissez-le dégorger pendant 1 h. Égouttez-le.**

2 **Mélangez les yaourts avec du sel, du poivre, le jus des citrons, les graines d'anis, l'huile d'olive et les feuilles de menthe ciselées.**

3 **Lavez les radis et coupez-les en rondelles. Mélangez-les aux yaourts assaisonnés et ajoutez le concombre égoutté.**

4 **Réservez au frais, servez froid avec des tartines grillées et aillées.**

LES MARCHÉS PROVENÇAUX

Pour connaître tout à fait la Provence, il faut découvrir la richesse de ses produits locaux, de son artisanat et de sa gastronomie. Et rien de tel pour cela que de flâner sur ses légendaires marchés.

Sur nombre de marchés de Provence, les agriculteurs se sont engagés à ne vendre que les produits qu'ils récoltent eux-mêmes, la revente étant interdite. Tous les produits de la ferme (légumes, fruits, fromages, volailles, pains, vins, miels, huiles, jus de fruits, fleurs...) sont proposés. Les marchés sont devenus une tradition, un lieu de transmission de connaissances, mais aussi une sorte de radio crochet : les rumeurs, ragots et informations se propagent autant que les bonnes odeurs, sucrées ou salées, toujours provençales et appétissantes. Le plus difficile est de choisir, alors n'hésitez pas à demander à goûter et n'oubliez pas de faire une pause au café du marché ! Et pour ceux qui préfèrent sortir à la fraîche, il existe les marchés du soir : en été, quand les cigales ont cédé la place aux grillons, ils s'installent à la ferme ou sur la place du village.

LES MARCHÉS D'EXCEPTION

Le Conseil national des arts culinaires a sélectionné cent marchés dans toute la France et leur a décerné ce label national. Six marchés provençaux l'ont obtenu, pour la qualité de leurs produits et aussi pour leur ambiance.

- ***Isle-sur-la-Sorgue***, marché le dimanche matin.
- ***Carpentras***, marché le vendredi matin.
- ***Apt***, marché hebdomadaire (samedi matin) classé : de novembre à mars, la truffe a sa place.
- ***Coustellet***, du 30 mai au 5 septembre, de 17 h à 19 h 30.
- ***Maubec***, du 1er avril au 31 décembre, le dimanche matin.
- ***Velleron***, à partir de début avril : tous les soirs à partir de 18 h, sauf dimanche et jours fériés. Dès fin septembre : ouvert le mardi, vendredi et samedi à partir de 16 h 30.

Les fêtes de terroir

Elles revendiquent leurs traditions et savoir-faire :

La fête de la truffe à Riez (février) propose des démonstrations de « cavage » par des chiens truffiers et un concours de « brouillades » à la truffe.

La fête du fromage à Banon (mai).

La fête de la transhumance à Riez (juin) : pour la montée dans les alpages, 2 000 moutons traversent le village, accompagnés du groupe folklorique local.

La fête de la lavande à Valensole (juillet) : visite de champs ou de distilleries.

Le corso du miel à Riez (juillet) : dégustation et défilés de chars avec pots de miel.

La fête des moissons à Selonnet (août) : faucheuse d'antan, gerbes tractées par des chevaux du pays, foulage, batteuse des années 1930…

Les marchés aux truffes

Dans le Vaucluse, à Richerenches et à Carpentras, se tiennent les deux plus importants marchés aux truffes du monde. La truffe (rabasse en provençal) est le seul produit de luxe vendu en l'état, sortie des riches terroirs de la Provence, région qui produit 80 % des truffes françaises ! Autrefois, c'étaient des cochons, friands de truffes, qui les trouvaient. Aujourd'hui, des chiens dressés sont capables de les débusquer à plusieurs mètres de distance et à plus de 30 centimètres de profondeur. Le maître extrait le diamant noir (variété la plus noble) à l'aide d'un crochet (fouji).

Tatin de ratatouille

• *Préparation* ***45 min*** • *Cuisson* ***2 h***
• *Repos* ***30 min*** • *Pour* ***6 personnes***

Ingrédients

Pour la pâte :
• 250 g de farine • 125 g de beurre • Sel

Pour la ratatouille :
• 2 aubergines • 3 courgettes • 8 cuillerées à soupe d'huile d'olive • Thym • 1 brin de romarin • 2 oignons • 1 poivron rouge • 1 poivron vert • 2 feuilles de laurier • 4 tomates • 3 gousses d'ail • Sel et poivre

1 Préparez la pâte : mélangez la farine et 1 pincée de sel, ajoutez le beurre coupé en morceaux. Pétrissez rapidement et ajoutez 5 cl d'eau froide pour former une boule. Laissez reposer pendant 30 min au frais.

2 Pour la ratatouille, lavez les aubergines et les courgettes, puis coupez-les en rondelles.

3 Dans une sauteuse, faites chauffer 3 cuillerées à soupe d'huile d'olive et faites revenir les aubergines avec du sel et du thym. Salez et poivrez. Dans une autre poêle, faites revenir, les courgettes avec le romarin dans 2 cuillerées à soupe d'huile d'olive. Salez et poivrez.

4 Émincez les oignons et faites-les revenir dans 3 cuillerées à soupe d'huile d'olive avec les poivrons lavés, épépinés et taillés en lanières. Ajoutez les feuilles de laurier. Salez et poivrez.

5 Pelez les tomates et concassez-les. Pelez et écrasez les gousses d'ail. Lorsque les légumes sont cuits séparément, mélangez-les dans une grande sauteuse pour les faire confire avec les aromates, les tomates et l'ail écrasé. Laissez cuire à découvert pendant 30 min.

6 Abaissez la pâte sur un plan de travail fariné. Étalez la ratatouille encore chaude au fond d'un moule à tarte huilé et aillé. Déposez par-dessus la pâte brisée et faites cuire au four préchauffé à 210 °C pendant 25 min.

7 Retournez dans un plat de service et dégustez.

LE RAGOÛT MÉRIDIONAL

Le terme « ratatouille » vient du verbe « touiller » et évoquait à l'origine un ragoût plutôt grossier à base de viande et de légumes. À partir de la fin du XIXe siècle, l'expression a été utilisée pour désigner la spécialité provençale, composée de courgettes, de poivrons, de tomates, d'aubergines et d'oignons. Si, aujourd'hui, beaucoup choisissent de faire cuire tous les légumes en même temps, les défenseurs de la tradition provençale préconisent de faire revenir ou même de frire les légumes un par un et de passer le poivron sur la flamme pour le débarrasser de la peau et lui donner un goût de grillé !

Chaussons aux épinards

• *Préparation* ***15 min*** • *Cuisson* ***20 min***
• *Pour* ***4 personnes***

Ingrédients

• 1 gousse d'ail • 100 g de pousses d'épinards • 6 feuilles de basilic • 2 cuillerées à soupe d'huile d'olive • 200 g de brousse • 50 g de pignons de pin • 1 rouleau de pâte feuilletée • 1 jaune d'œuf • Sel et poivre

1 **Pelez l'ail et émincez-le. Rincez les pousses d'épinards et le basilic. Ciselez ce dernier.**

2 **Faites fondre les pousses d'épinards et l'ail à feu doux pendant 3 min avec l'huile d'olive. Salez et poivrez. Incorporez la brousse, le basilic et les pignons de pin, puis mélangez.**

3 **Découpez 4 cercles dans la pâte feuilletée. Déposez 1 cuillerée à soupe de préparation sur chaque moitié de cercle, puis rabattez l'autre moitié par-dessus en écrasant les bords pour les souder. Badigeonnez chaque chausson de jaune d'œuf battu, à l'aide d'un pinceau.**

4 **Faites cuire au four préchauffé à 210 °C pendant environ 15 min. Dès que les chaussons sont dorés, sortez-les du four.**

5 **Servez chaud accompagné d'une concassée de tomates aux herbes de Provence.**

Beignets de fleurs de courgettes

• *Préparation* ***10 min*** • *Cuisson* ***10 min***
• *Repos* ***1 h*** • *Pour* ***6 personnes***

Ingrédients

Pour la pâte à beignets :
• 20 g de levure de boulanger • Persil • 200 g de farine
• 3 œufs • Sel et poivre

Pour la garniture :
• 1 bouquet de fleurs de courgettes • Huile de friture

1 **Préparez la pâte : délayez la levure dans 20 cl d'eau tiède. Rincez le persil et ciselez-le finement.**

2 **Mélangez la farine, du sel et du poivre dans une terrine. Formez un puits. Cassez un à un les œufs et mettez-les dans la terrine. Mélangez et versez peu à peu la levure délayée dans l'eau en remuant pour obtenir une pâte lisse. Laissez reposer pendant 1 h à température ambiante.**

3 **Nettoyez les fleurs de courgettes en coupant leur queue et en les débarrassant du pistil. Coupez-les en deux.**

4 **Faites chauffer le bain de friture. Trempez les fleurs une à une dans la pâte à beignets et faites-les dorer dans l'huile chaude. Égouttez sur du papier absorbant, salez. Servez les beignets tièdes.**

LES FLEURS DE COURGETTES DE NICE

Les fleurs de courgettes sont traditionnellement consommées en Provence sous forme de beignets. Cette spécialité niçoise utilise les fleurs mâles (celles qui ne portent pas de fruits) des courgettes longues de Nice. La cueillette de ces fleurs s'effectue quand elles sont jaunes, donc matures et ouvertes de préférence.
Les Niçois accompagnent ces beignets d'un saussoun *(sauce tomate).*

Pissaladière nissarde

• *Préparation* ***20 min*** • *Cuisson* ***1 h 15***
• *Repos* ***2 h*** • *Pour* ***6 personnes***

Ingrédients

Pour la pâte :
• 15 g de levure fraîche • 350 g de farine • 3 cuillerées à soupe d'huile d'olive • Sel

Pour la garniture :
• 1,250 kg d'oignons • 8 cl d'huile d'olive • 1 branche de thym • 12 filets d'anchois à l'huile • 60 g de petites olives de Nice • Sel et poivre

1 **Préparez la pâte : délayez la levure dans 20 cl d'eau tiède. Mélangez la farine avec 5 pincées de sel. Faites un puits au centre, versez-y l'huile puis la levure délayée. Pétrissez pour former une boule. Couvrez-la d'un torchon humide et laissez la pâte monter pendant 2 h à température ambiante, à l'abri des courants d'air.**

2 **Pour la garniture, épluchez les oignons et émincez-les. Faites chauffer l'huile d'olive et faites-y fondre les oignons avec la branche de thym frais, à découvert, pendant 45 min, sans laisser colorer, en remuant souvent à l'aide d'une spatule en bois. Salez et poivrez.**

3 **Rompez la pâte et abaissez-la sur un plan de travail fariné. Étalez-la à la taille de votre plaque. Nappez-la de compotée d'oignons. Disposez par-dessus les filets d'anchois et les olives. Enfournez la pissaladière et laissez cuire au four préchauffé à 210 °C pendant 30 min.**

4 **Servez tiède ou froid.**

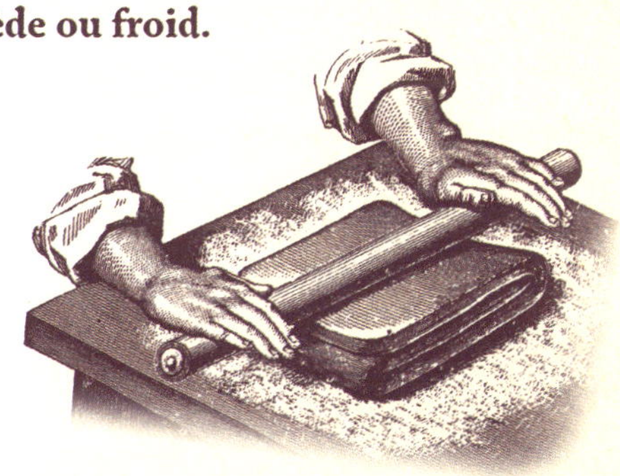

Artichauts farcis à la barigoule

• *Préparation* ***30 min*** • *Cuisson* ***30 min*** • *Pour* ***8 personnes***

Ingrédients

• 16 artichauts poivrades • 300 g de lactaires • 2 carottes • 1 oignon • 8 gousses d'ail • 100 g de lard fumé • 10 cl d'huile d'olive • 1 feuille de laurier • Thym frais • 15 cl de vin blanc • Persil plat • Sel et poivre

1 **Retirez les feuilles les plus dures des artichauts. Coupez les feuilles restantes à 2 cm du fond et retirez le foin. Coupez le pied des champignons, nettoyez-les, puis coupez-les en quartiers. Pelez les carottes et coupez-les en rondelles. Épluchez l'oignon et l'ail et émincez-les.**

2 **Découpez le lard fumé en lardons et faites-les blanchir pendant 1 min dans de l'eau bouillante, puis égouttez-les.**

3 **Faites revenir les artichauts à feu vif dans une cocotte avec l'huile d'olive pendant 3 min. Ajoutez les carottes, faites-les suer pendant 2 min, puis ajoutez l'oignon et les lardons. Laissez cuire pendant 2 min.**

4 **Ajoutez enfin les champignons, le laurier, le thym et l'ail. Mouillez avec le vin blanc et 15 cl d'eau afin de couvrir les légumes. Salez et poivrez.**

5 **Couvrez et faites cuire au four préchauffé à 180 °C pendant 15 min. Retirez la cocotte du four et poursuivez la cuisson sur feu vif, à découvert. Laissez réduire le jus de cuisson, rectifiez l'assaisonnement.**

6 **Parsemez de persil et de thym ciselés, laissez frémir à couvert pendant 1 min, puis servez.**

LA BARIGOULE

Barigoule *est l'appellation provençale du lactaire délicieux.* En Provence, *on le marie à l'artichaut, d'où le nom de ce plat.* La barigoule *était aussi un chapeau de feutre à larges bords, que portaient autrefois les paysannes provençales. La forme du chapeau rappelant la forme de ce champignon, on dit que, en 1850, Frédéric Mistral donna le premier ce nom à cette recette de cuisine provençale.*

LES POIS CHICHES

Ces légumineuses consommées autour de la Méditerranée se sont bien acclimatées au climat du sud de la France. Dans le Var, à Rougiers, la fête des pois chiches se tient en septembre et se clôture par un concours de souffler de pois chiche : chaque concurrent, à plat ventre, doit lancer un pois chiche le plus loin possible… avec sa bouche !

Poichichade

• *Préparation* ***15 min*** • *Cuisson* ***1 h 30*** • *Pour* ***6 personnes***

Ingrédients

• 250 g de pois chiches secs • 1 petit oignon • 2 feuilles de laurier • 1 branche de thym • 1 brin de romarin • 3 gousses d'ail • 2 cuillerées à soupe d'huile d'olive • 10 cl de bouillon de volaille • Persil ou coriandre • Sel et poivre

1 **La veille, faites tremper les pois chiches dans de l'eau froide. Le jour même, égouttez-les.**

2 **Pelez l'oignon et coupez-le en deux. Faites cuire les pois chiches et l'oignon pendant 1 h 30 dans de l'eau salée agrémentée du laurier, du thym et du romarin. Égouttez, retirez les aromates.**

3 **Pelez les gousses d'ail et coupez-les en quatre. Écrasez les pois chiches et l'ail en purée à l'aide d'un moulin à légumes. Salez et poivrez. Ajoutez l'huile d'olive et le bouillon de volaille pour obtenir une purée onctueuse. Parsemez de persil ou de coriandre ciselés.**

4 **Servez à température ambiante sur des tranches de pains grillées et aillées.**

Caviar d'aubergine

• *Préparation* ***20 min*** • *Cuisson* ***25 min*** • *Pour* ***4 personnes***

Ingrédients

• 2 aubergines • 1 tomate • 2 petits oignons • 1 gousse d'ail • 3 cuillerées à soupe d'huile d'olive • Graines de coriandre • Feuilles de coriandre • Sel et poivre

1 **Lavez les aubergines et retirez le pédoncule. Faites-les cuire au four préchauffé à 180 °C, sur la lèchefrite, pendant 25 min. Elles doivent se rider : la peau se détachera alors facilement.**

2 **Pendant ce temps, pelez la tomate et coupez-la en dés. Pelez les aubergines et prélevez la chair à l'aide d'une fourchette, égouttez-la et mixez-la avec la tomate.**

3 **Hachez les oignons et l'ail, puis ajoutez-les aux légumes mixés. Versez l'huile d'olive en filet, en remuant. Salez, poivrez et ajoutez des graines de coriandre pilées et des feuilles de coriandre ciselées. Réservez au frais.**

4 **Servez sur des tartines grillées ou en accompagnement de pâtes ou de riz.**

Salade tiède d'artichauts

• *Préparation* ***20 min*** • *Cuisson* ***15 min*** • *Pour* ***4 personnes***

Ingrédients

• 8 artichauts violets • 1 poivron rouge • 1 poivron vert • 2 petites courgettes • 1 tomate • 7 cuillerées à soupe d'huile d'olive • 1 oignon • 1 brin de thym • 1 feuille de laurier • 1 cuillerée à soupe de vinaigre de vin • 1 cuillerée à soupe de vinaigre balsamique • Roquette • Sel et poivre

1 **Coupez la tige des artichauts à 2 cm du fond, et la tête aux deux tiers. Retirez les feuilles externes les plus dures. Faites blanchir les artichauts dans de l'eau bouillante pendant 5 min. Puis égouttez-les et laissez-les tiédir.**

2 **Lavez les poivrons, épépinez-les et coupez-les en dés. Pelez les courgettes, une lanière sur deux, détaillez-les en fines rondelles. Pelez la tomate et coupez-la en dés.**

3 **Faites chauffer 3 cuillerées à soupe d'huile d'olive dans une sauteuse et faites sauter les courgettes, les poivrons, l'oignon émincé et la tomate avec le thym et le laurier. Les légumes doivent rester croquants. Salez, poivrez. Coupez les artichauts en quatre et ajoutez-les dans la sauteuse. Laissez cuire pendant encore 2 min.**

4 **Mélangez les 2 vinaigres, du sel, du poivre et le reste d'huile. Disposez les légumes tièdes dans les assiettes, entourez-les de feuilles de roquette, servez en nappant de vinaigrette.**

L'ARTICHAUT POIVRADE

L'artichaut violet de Provence ou bouquet est aussi appelé poivrade. Variété précoce, de petite taille et de forme conique, il est récolté en région méditerranéenne de mars à mai, puis de septembre à décembre. Cueilli à peine mature, son foin n'est pas encore formé, son cœur et ses feuilles sont tellement tendres qu'il se déguste cru, entier, à la croque au sel. Préparé à la barigoule en Provence, il peut se consommer en salade à la vinaigrette, farci, en purée, en velouté ou en beignet. Pour le conserver, immergez sa tige dans un vase d'eau… sucrée ou non.

Brouillade aux truffes

• *Préparation* ***5 min*** • *Cuisson* ***12 min*** • *Pour* ***4 personnes***

Ingrédients

• 1 truffe de 50 g • 10 œufs • 20 g de beurre • 1 cuillerée à soupe de crème fraîche épaisse • Sel et poivre

1 **La veille, enfermez la truffe et les œufs dans un bocal.**

2 **Le jour même, battez les œufs. Râpez la truffe (réservez 4 lamelles) et ajoutez-la aux œufs battus. Salez et poivrez.**

3 **Faites fondre le beurre au bain-marie, dans une casserole. Versez les œufs dans la casserole. Remuez avec une spatule en bois, sans cesse, jusqu'à obtenir la consistance d'une crème épaisse. Ajoutez la crème fraîche et remuez.**

4 **Servez immédiatement. Décorez de lamelles de truffe.**

TOUT UN PLAT !

La bagna cauda traditionnelle est servie dans un bagna caudo (bain chaud). Il s'agit d'une poterie – barbotine – spécialité d'Aubagne. La dégustation de cette sauce, qui doit rester chaude pour contraster avec les légumes crus, nécessite un petit réchaud posé au milieu de la table. Le principe est de tremper des légumes de saison : il s'agit d'une fondue végétarienne, chaleureuse et très saine, provençale, pardi !

Bagna cauda

• *Préparation* ***15 min*** • *Cuisson* ***15 min*** • *Pour* ***4 personnes***

Ingrédients

• 5 anchois en saumure • 2 gousses d'ail • 25 cl d'huile d'olive

1 **Faites dessaler les anchois dans de l'eau froide pendant 5 min. Levez les filets, puis hachez-les.**

2 **Pelez, dégermez et hachez finement les gousses d'ail.**

3 **Placez les filets d'anchois hachés dans une casserole, ajoutez l'ail haché et versez l'huile d'olive. Mélangez et faites chauffer à feu doux, sans laisser bouillir.**

4 **Versez cette sauce dans le caquelon d'un service à bagna cauda. Dressez des légumes crus (artichauts violets de Provence, poivrons, chou-fleur, carottes, bulbe de fenouil, cœur de céleri-branche, lamelles de champignons, topinambours, cardes, etc.) sur un plat de service ou dans un panier pour les tremper dans la bagna cauda.**

Salade aux coquillages

• *Préparation* ***25 min*** • *Cuisson* ***35 min***
• *Pour* ***4 personnes***

Ingrédients

• 500 g de moules • 8 clams • 500 g de petits poulpes • 1 bouquet garni • 1 oignon • 25 cl de vin blanc • 1 branche de thym • 2 gousses d'ail • 1 douzaine de palourdes • 300 g de pousses de mesclun • 2 tomates • 200 g de crevettes cuites décortiquées • 6 cuillerées à soupe d'huile d'olive • 1 citron • Ciboulette, cerfeuil, aneth • Sel et poivre

1 **Grattez les moules et les clams. Lavez les poulpes, puis faites-les blanchir en les plongeant pendant 5 min dans de l'eau bouillante.**

2 **Égouttez-les et retirez les petites capsules restées dans les tentacules. Ensuite, faites-les cuire pendant 20 min dans de l'eau bouillante salée avec le bouquet garni et l'oignon pelé.**

3 **Faites chauffer le vin blanc dans une cocotte avec la branche de thym et l'ail écrasé. Plongez-y les moules et faites-les ouvrir à feu vif, à couvert. Dès qu'elles sont ouvertes, retirez-les.**

4 **Versez les palourdes et les clams dans la cocotte. Retirez-les dès qu'ils sont ouverts, laissez-les refroidir, puis décoquillez-les. Réservez le vin de cuisson. Coupez les poulpes en lanières.**

5 **Lavez les pousses de mesclun et égouttez-les. Lavez les tomates et taillez-les en quartiers. Mettez le tout dans un saladier. Ajoutez les crevettes et les fruits de mer cuits.**

6 **Mélangez l'huile d'olive, le jus de citron et 2 cuillerées à soupe du jus de cuisson des coquillages. Salez, poivrez et assaisonnez la salade. Parsemez de ciboulette, de cerfeuil et d'aneth ciselés, puis servez.**

Fougasse aux olives

• *Préparation* ***20 min*** • *Cuisson* ***20 min***
• *Repos* ***1 h 30*** • *Pour* ***6 personnes***

Ingrédients

• 20 g de levure de boulanger • 250 g de farine de blé
• 4 cuillerées à soupe d'huile d'olive • 1 gros oignon
• 100 g d'olives noires • 2 cuillerées à café d'origan • Sel

1 **Délayez la levure dans 2 cuillerées à soupe d'eau tiède. Mélangez la farine, 2 pincées de sel, 2 cuillerées à soupe d'huile d'olive et la levure délayée. Ajoutez 15 cl d'eau et pétrissez pour former une boule de pâte souple. Laissez lever pendant 1 h 30 à température ambiante.**

2 **Pelez l'oignon, émincez-le et faites-le dorer avec 1 cuillerée à soupe d'huile d'olive. Ajoutez les olives dénoyautées et faites-les rissoler pendant 5 min. Retirez du feu et égouttez sur du papier absorbant.**

3 **Étalez la pâte sur le plan de travail fariné en un rectangle de 3 cm d'épaisseur. Déposez la préparation précédente au centre du rectangle.**

4 **Pétrissez, puis abaissez la pâte dans un plat fariné. Badigeonnez d'huile d'olive et parsemez d'origan. À l'aide d'un couteau, faites des entailles en forme d'épi.**

5 **Faites cuire au four préchauffé à 210 °C pendant 20 min. Dégustez tiède ou froid.**

LE MOULIN RIBET

La Provence fut la première région à adopter des moulins à vent, compte tenu de sa situation géographique favorable, près de la Méditerranée. En 1814 fut construit le Moulin Ribet, appelé aussi le Moulin Saint-Pierre, devenu célèbre grâce à Alphonse Daudet et ses Lettres de mon moulin. *On y broya du blé pendant un siècle : il arrêta de fonctionner en 1915. Pendant la Grande Guerre on réquisitionna les hommes et le blé, ce qui signa définitivement l'arrêt de mort du dernier moulin.*

DE L'OLIVIER À L'HUILE D'OLIVE

L'olivier est vénéré dans toute la Provence : immortalisé par Cézanne et Van Gogh, chanté par les poètes comme Mistral et Giono, il appartient au paysage et à la gastronomie de Provence.

Arbre majeur dans le patrimoine provençal, l'olivier est symbole de paix et de sagesse, de persévérance et de fécondité grâce à son incroyable résistance. Il pousse sur un sol aride et ne craint que les très grands gels. Et si la culture de l'olivier demande de la patience – cinq à six ans avant de donner ses premiers fruits et trente ans pour produire à plein rendement ! –, c'est un arbre quasi immortel qui arbore une longévité de plusieurs siècles : même si le tronc est détruit, des rejets reconstituent spontanément l'arbre, qui repousse inlassablement. Inépuisable, il génère depuis des millénaires des fruits délicieux et une huile de plus en plus prisée.

DE L'OLIVE À L'HUILE

Il faut environ 5 kg d'olives pour obtenir 1 litre d'huile. Le jour même de la récolte, les olives sont triées et pressées. Les moulins procèdent alors à trois opérations successives :

- ***Le broyage de l'olive*** et de son noyau (le noyau a un effet antioxydant qui favorise la conservation de l'huile).

- **Le pressurage** de la pâte d'olives obtenue après le broyage et répartie sur des « scourtins », empilés les uns sur les autres, qui retiennent la pâte et laissent s'écouler l'huile.

- **La décantation** pour séparer l'huile de l'eau. Pour obtenir le titre d'huile d'olive vierge (huile pur jus de fruits, naturelle), elle ne doit être produite que par des procédés strictement mécaniques. Toute huile obtenue par mélange ou avec des adjonctions chimiques ne peut prétendre à cette appellation. Préférez une huile vierge extra, c'est-à-dire extraite après une première pression à froid.

Les scourtins de Nyons

Jusqu'au début du XXe siècle, les scourtins étaient utilisés pour filtrer la pâte d'olives. Ces paillasses de 40 cm de diamètre étaient fabriquées avec des tiges d'alfa, ou de fibre de coco, ou d'aloès, ou de chanvre, ou encore de sparte. Les tiges d'alfa ne communiquent pas de mauvais goût aux huiles, car leur surface est vernissée et, de ce fait, retient peu de matières grasses.

Les scourtins sont empilés les uns sur les autres et placés sous la presse afin de séparer l'huile d'olive et les eaux d'extraction. Aujourd'hui, ils sont en Nylon, et la dernière fabrique artisanale se trouve à Nyons.

Les bienfaits de l'huile d'olive

Son efficacité dans la lutte contre les maladies cardiovasculaires n'est plus à prouver. Sa richesse en acides gras monoinsaturés (de 56 à 84 %) contribue à réduire le taux de « mauvais » cholestérol dans le sang et à maintenir le taux de « bon » cholestérol. Elle contribue aussi à combattre les effets de la pollution sur l'organisme, et est spécialement indiquée chez les fumeurs. Elle facilite la digestion. On recommande d'ailleurs d'en avaler 1 cuillerée à soupe avant un repas de fête. Elle tapissera et imperméabilisera l'estomac, ralentissant la circulation de l'alcool jusqu'au foie.

Salade de la garrigue

• *Préparation* ***15 min*** • *Cuisson* ***15 min*** • *Pour* ***4 personnes***

Ingrédients

• 1 poivron rouge • 20 pointes d'asperges sauvages • 250 g de tomates cerises rouges et jaunes • 1 cuillerée à soupe de graines de fenouil • 20 olives noires de Nice • 4 petites cébettes • 6 cuillerées à soupe d'huile d'olive • 4 petits chèvres frais • 2 gousses d'ail • 2 poignées de roquette • 2 poignées de pourpier • Marjolaine • 1 cuillerée à soupe de miel de garrigue • 1 cuillerée à soupe de vinaigre balsamique • sel et poivre

1. **Faites griller le poivron sous le gril du four. Au bout de 20 min, sortez-le et enfermez-le dans un sachet de congélation.**
2. **Faites blanchir les pointes d'asperges sauvages dans l'eau bouillante salée pendant 5 min. Égouttez-les sur du papier absorbant et réservez-les.**
3. **Faites macérer les tomates coupées en deux avec les graines de fenouil, les olives et les cébettes émincées et 1 cuillerée à soupe d'huile. Coupez les fromages de chèvre en quatre, ajoutez-les aux tomates, et versez 1 cuillerée à soupe d'huile d'olive.**
4. **Retirez la peau du poivron, épépinez-le et détaillez-le en lanières fines. Parsemez-le d'ail pelé et écrasé, et arrosez de 1 cuillerée à soupe d'huile.**
5. **Lavez la roquette, le pourpier et la marjolaine. Répartissez la verdure dans les assiettes, dispersez dessus les pointes d'asperges, les poivrons, les tomates, les morceaux de fromage, les olives et les aromates.**
6. **Mélangez le miel avec l'huile restante et le vinaigre balsamique. Salez et poivrez puis servez la salade avec cette vinaigrette.**

LES PAPETONS

Dans le passé, les Provençaux faisaient des sortes de flans avec les restes et appelaient cela des papetons ou popotons. Cette spécialité d'Avignon est cuite dans un moule qui, à l'origine, rappelait la forme de la tiare papale. Les cuisiniers provençaux désiraient montrer leur talent aux cuisiniers italiens de la cour pontificale installée en Avignon, au Palais des papes. La recette initiale, à base de purée d'aubergines et d'œufs, est servie avec un coulis de tomates fraîches, mais il existe de nombreuses recettes de papetons : de bouillabaisse, de mouton, etc.

MORTIER ET PILON

Les oliviers centenaires couvrent les collines provençales. Le bois d'olivier permet de sculpter des objets, notamment des ustensiles de cuisine, dont le mortier et le pilon, qu'on utilise pour préparer les produits de la région. Cette tradition artisanale est née de la récupération des troncs des oliviers morts durant les gels dévastateurs de 1956 qui affectèrent la quasi-totalité des vergers.

Thoïonade

• *Préparation* ***15 min*** • *Pour* ***4 personnes***

Ingrédients

• 150 g de thon au naturel en boîte • 2 gousses d'ail • 60 g d'olives noires • 50 g de pignons de pin • 30 g de câpres • 3 cuillerées à soupe d'huile d'olive • 1/2 bouquet de basilic • Sel et poivre

1 **Égouttez le thon. Épluchez les gousses d'ail, dégermez-les et écrasez-les. Pilez dans un mortier le thon avec l'ail.**

2 **Ajoutez les olives dénoyautées, les pignons de pin et les câpres. Écrasez en incorporant l'huile en filet. Ajoutez les feuilles de basilic ciselées. Salez et poivrez.**

3 **Réservez au frais. Sortez la préparation 1 h avant de servir. Proposez avec des tartines grillées et frottées à l'ail et des légumes crus et croquants.**

Flans d'aubergines

• *Préparation* ***20 min*** • *Cuisson* ***1 h*** • *Pour* ***4 personnes***

Ingrédients

• 5 aubergines • 2 gousses d'ail • 4 cuillerées à soupe d'huile d'olive • 4 œufs • 50 g de farine • Herbes de Provence • Sel et poivre

1 **Lavez les aubergines et faites-les cuire, entières, au four pendant 30 min. Dès qu'elles sont devenues molles, retirez-les du four. Ouvrez-les en deux, prélevez la chair à l'aide d'une cuillère, puis égouttez-la dans une passoire.**

2 **Pelez les gousses d'ail et coupez-les en quatre. Mixez la chair des aubergines avec l'ail, 3 cuillerées à soupe d'huile d'olive, du sel et du poivre. Fouettez les œufs et mélangez-les à la préparation précédente. Ajoutez la farine, des herbes de Provence et rectifiez au besoin l'assaisonnement.**

3 **Huilez légèrement des ramequins (ou petits pots) allant au four. Répartissez-y la préparation et faites cuire au four préchauffé à 210 °C pendant 30 min : la surface des flans doit être ferme.**

4 **Laissez reposer pendant 5 min avant de déguster.**

Anchoïade

• *Préparation* ***15 min*** • *Pour* ***4 personnes***

Ingrédients

• 30 anchois • 1 cuillerée à soupe de câpres • 3 gousses d'ail • Huile d'olive • 1 cuillerée à soupe de vinaigre • Sel et poivre

1 **Enlevez les arêtes et les queues des anchois et faites-les dessaler dans de l'eau froide pendant 5 min. Pilez les anchois dans un mortier, puis ajoutez les câpres et pilez de nouveau.**

2 **Pelez, dégermez et écrasez les gousses d'ail. Ajoutez peu à peu de l'huile d'olive en remuant. Mettez le tout dans le mortier contenant les anchois et les câpres. Versez le vinaigre en filet, salez, poivrez sans cesser de piler, jusqu'à obtention d'une purée onctueuse.**

3 **Servez l'anchoïade accompagnée de toutes sortes de légumes frais : chou-fleur, céleri, poivrons, artichauts, betterave rouge, carottes, pommes de terre...**

LES CÂPRES

Plus les câpres sont petites, plus leur saveur est délicate, et leur arôme prononcé. En séchant, elles perdent leur parfum, c'est pourquoi elles sont toujours conservées dans du vinaigre ou dans une saumure. Elles accompagnent la raie ou le tartare de bœuf et entrent dans la préparation de la sauce ravigote mais aussi dans les salades, les ragoûts, etc.

Courgettes farcies

• *Préparation* ***45 min*** • *Cuisson* ***30 min*** • *Pour* ***4 personnes***

Ingrédients

• 2 courgettes • 2 gousses d'ail • 1 oignon rose • 3 cuillerées à soupe d'huile d'olive • 2 fromages banons • 10 feuilles de menthe • 40 g de cerneaux de noix • Sel et poivre

1 **Lavez les courgettes et coupez-les dans la longueur. Creusez-les pour enlever les graines et récupérez la chair. Salez l'intérieur des demi-courgettes et laissez-les dégorger pendant 15 min.**

2 **Épluchez l'ail et l'oignon et hachez-les. Écrasez la chair des courgettes. Mélangez-la avec l'ail et l'oignon hachés. Salez et arrosez de 2 cuillerées à soupe d'huile d'olive. Essuyez les courgettes avant de les farcir de cette préparation et faites cuire au four préchauffé à 180 °C pendant 20 min.**

3 **Sortez les courgettes du four et laissez-les tiédir. Coupez les fromages en morceaux. Mixez-les avec la menthe et l'huile restante. Poivrez et étalez cette farce sur les demi-courgettes.**

4 **Passez sous le gril du four pendant quelques minutes. Parsemez de cerneaux de noix concassés et servez aussitôt.**

Pan bagnat

• *Préparation* ***5 min*** • *Cuisson* ***10 min*** • *Pour* ***2 personnes***

Ingrédients

• 2 œufs • 1 tomate • 4 radis • 1 poivron vert • 2 cébettes • 4 cosses de févettes (au printemps) • 2 cœurs d'artichauts violets (au printemps) • 4 feuilles de basilic • 6 olives noires de Nice • 100 g de thon au naturel • 2 petits pains ronds au levain • 1 gousse d'ail • Huile d'olive • Vinaigre • Sel et poivre • 6 rondelles de concombre

1 **Faites cuire les œufs dans de l'eau bouillante pour les faire durcir. Laissez-les refroidir, écalez-les et coupez-les en rondelles.**

2 **Lavez les légumes. Coupez la tomate et les radis en rondelles. Taillez le poivron épépiné en lanières et les cébettes en lamelles. Écossez les févettes et émincez les cœurs d'artichauts. Ciselez le basilic et concassez les olives. Émiettez le thon.**

3 **Coupez les pains en deux, dans l'épaisseur. Frottez chaque moitié avec 1 gousse d'ail et arrosez-les de 1 filet d'huile d'olive et de vinaigre. Salez et poivrez.**

4 **Disposez sur la partie inférieure du pain les rondelles de tomate, de radis et de concombre, le thon, les lanières de poivron, les lamelles de cébette et les rondelles d'œuf dur. Ajoutez les févettes et les cœurs d'artichauts. Salez et poivrez. Parsemez de basilic et d'olives.**

5 **Refermez le sandwich en appuyant pour tasser les ingrédients. Servez aussitôt.**

PETITE HISTOIRE DU PAN BAGNAT

Le « pain mouillé », en vieux provençal, est l'incontournable sandwich niçois, à base de crudités de la région et d'huile d'olive. Traditionnellement préparé dans un petit pain rond spécial, on le trouvait à toutes les fêtes du comté de Nice. D'après la légende, à l'heure de la merenda (casse-croûte en nissart), un jeune berger qui trouva l'en-cas préparé par sa mère un peu sec, l'arrosa d'un filet d'huile d'olive, tirée d'une minuscule amphore qu'il portait à la ceinture, à côté de son couteau : le pain « baigné » venait de naître.

Jeunes poireaux à la tapenade

• *Préparation* ***15 min*** • *Cuisson* ***10 min*** • *Pour* ***4 personnes***

Ingrédients

Pour la tapenade :
• 200 g d'olives noires • 50 g de câpres • 50 g de filets d'anchois au sel
• 10 cl d'huile d'olive

Pour les poireaux :
• 16 jeunes poireaux • 4 œufs • 4 cuillerées à soupe d'huile d'olive • 2 cuillerées à soupe de vinaigre de vin • Quelques olives niçoises (pour la décoration)
• Sel et poivre

1 **Préparez la tapenade : mixez les olives dénoyautées, les câpres et les filets d'anchois rincés. Ajoutez l'huile en filet et montez en pommade.**

2 **Retirez le vert des poireaux. Incisez-les dans le sens de la longueur et lavez-les. Taillez-les en rondelles. Faites-les cuire à la vapeur pendant 6 min.**

3 **Faites pocher les œufs : cassez-les, un à un, dans une tasse et plongez-les dans de l'eau bouillante et salée pendant 4 min. Retirez-les délicatement et déposez-les dans chaque assiette sur un lit de poireaux encore tièdes.**

4 **Salez, poivrez et arrosez d'huile d'olive mélangée au vinaigre. Déposez 1 cuillerée à soupe de tapenade sur les poireaux. Parsemez de petites olives. Servez avec de petits morceaux de fougasse aux olives.**

LA TAPENADE

Le terme « tapenade » vient de tapeno, « câpres » en provençal : c'est l'ingrédient trop souvent oublié dans cette purée d'olives et d'anchois. Donc, à l'origine, une tapenade n'est pas une pâte d'olives, mais de câpres contenant des olives ! Aujourd'hui, la tendance est inversée : une plus grande proportion d'olives et quelques câpres. Cette préparation accompagne à merveille les œufs mimosa. Tartinée sur canapé, proposée en condiment pour tremper des bâtonnets de légumes, elle peut aussi servir de farce pour les volailles.

Limaçons à l'aïgo sau

• *Préparation* ***30 min*** • *Cuisson* ***40 min*** • *Pour* ***4 personnes***

Ingrédients

• 50 limaçons • 1 litre de vinaigre blanc • 1 oignon • 3 clous de girofle • 2 gousses d'ail • 1 feuille de laurier • 3 tiges de fenouil sec • 2 feuilles de sauge • Le zeste de 1 orange • 2 cuillerées à soupe d'huile d'olive • Gros sel et poivre

1 **Faites jeûner les escargots pendant 2 jours. Lavez-les avec du vinaigre blanc, trois fois par jour. Rincez-les et revinaigrez-les.**

2 **Versez 3 l d'eau dans un faitout, ajoutez 1 petite poignée de gros sel, du poivre, l'oignon piqué des clous de girofle, les gousses d'ail épluchées et dégermées, le laurier, le fenouil, la sauge, le zeste d'orange et l'huile d'olive. Portez à ébullition, couvrez et laissez mijoter pendant 15 min.**

3 **Retirez du feu. Laissez complètement refroidir avant d'ajouter les limaçons. Portez de nouveau à ébullition et laissez-les cuire à feu moyen pendant 25 min. Écumez au fur et à mesure. Servez les escargots dans un pot d'Aubagne avec de l'aïoli.**

Terrine de saumon

• *Préparation* ***20 min*** • *Cuisson* ***50 min*** • *Pour* ***6 personnes***

Ingrédients

• 4 courgettes • 4 œufs • 25 cl de crème liquide • 2 cuillerées à soupe de farine • 1/2 cuillerée à café de noix muscade râpée • 200 g de pavé de saumon frais • 2 cuillerées à soupe d'huile d'olive • Basilic • Ciboulette • Sel et poivre

1 **Lavez les courgettes, coupez-les en lamelles dans la longueur. Faites-les cuire à la vapeur pendant 5 min et égouttez-les sur du papier absorbant.**

2 **Battez les œufs avec la crème, ajoutez la farine et la noix muscade. Salez et poivrez. Taillez le saumon en lamelles. Faites-les revenir à la poêle avec l'huile d'olive.**

3 **Dans un moule à cake beurré, alternez une couche de crème, une couche de courgettes, une couche de saumon. Parsemez de basilic et de ciboulette ciselés et alternez de nouveau les différentes couches.**

4 **Faites cuire au four préchauffé à 210 °C pendant 45 min. Laissez tiédir avant de démouler et servez tiède ou froid.**

UN PETIT MÉTIER

Parmi les petits métiers des rues typiques de Provence, on retrouve les marchandes de limaçons. Elles passaient dans les rues des villages en chantant : « A l'aïgo sau, leï limaçoun, n'aven dei gros, e dei pichoun. » *(À l'eau salée, les limaçons, y'en a des gros, et des petits.) Leur marmite sous le bras, elles servaient les limaçons dans des cornets de papier. Pour ne pas se tacher, elles portaient des manchons aux bras et un grand tablier blanc.*

Sardines farcies à la brousse

• *Préparation* ***45 min*** • *Cuisson* ***40 min*** • *Pour* ***6 personnes***

Ingrédients

• 24 sardines • 500 g de bettes • 2 gousses d'ail • 6 brins de persil • 250 g de brousse • 1 œuf • 1/2 cuillerée à café de noix muscade râpée • Huile d'olive • Sel et poivre

1 **Grattez les sardines sous l'eau fraîche, étêtez-les et videz-les. Rincez-les et essuyez-les sur du papier absorbant.**

2 **Lavez les bettes et coupez les feuilles pour les séparer des côtes blanches. Faites blanchir les feuilles vertes pendant 3 min à l'eau bouillante, puis passez-les aussitôt sous l'eau froide pour qu'elles restent vertes. Égouttez-les et hachez-les.**

3 **Épluchez l'ail et hachez-le. Ciselez le persil. Mélangez la brousse avec l'œuf, l'ail, le persil et les feuilles de bettes hachées. Ajoutez la noix muscade. Salez et poivrez.**

4 **Ouvrez les sardines, tartinez-les côté chair de cette farce et enroulez-les. Maintenez-les fermées avec des piques à cocktail. Badigeonnez-les d'huile d'olive et faites-les cuire au four préchauffé à 210 °C pendant 35 min. Servez chaud.**

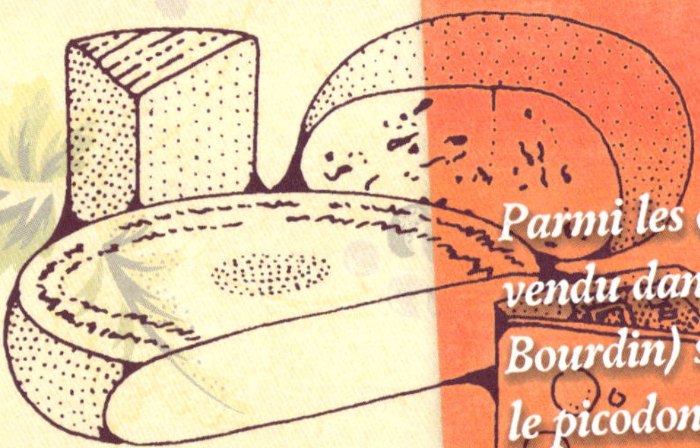

LES FROMAGES PROVENÇAUX

Parmi les délices laitiers provençaux, on trouve la brousse. Ce fromage frais vendu dans son moule jetable est soit à base de petit-lait de vache (brousse Bourdin) soit de chèvre ou de brebis (brousse du Rove). N'oublions pas le picodon, fromage de chèvre toujours fabriqué artisanalement, le banon, reconnaissable à son enveloppe de feuilles de châtaignier brunes liées par un brin de raphia, ou la tomme de l'Ubaye, fromage des Alpes-de-Haute-Provence au lait de vache, à pâte molle et à croûte fleurie.

UN TOUR CHEZ PAGNOL

La perdrix bartavelle est célébrée dans l'œuvre de Pagnol, contant les exploits de chasse de son père. Pourtant, en France, la perdrix bartavelle n'est présente que dans les secteurs alpins et non dans le vallon de Passe-Temps. L'exagération de Pagnol va plus loin : dans La Gloire de mon père, *il prétendait que la plus grosse atteignait 1 530 g ! Or le poids moyen d'une perdrix bartavelle mâle est de 650 à 750 g, et celui d'une femelle de 500 à 650 g…*

Bartavelles garnies

• *Préparation* ***30 min*** • *Cuisson* ***1 h*** • *Pour* ***4 personnes***

Ingrédients

• 4 perdrix royales (bartavelles) • 600 g de girolles • 2 cuillerées à soupe d'huile d'olive • 2 tranches de ventrèche • 1 échalote • 1 gousse d'ail • 20 noisettes décortiquées • Persil • Sel et poivre

1 **Videz les perdrix. Réservez les cœurs et les foies. Hachez ces derniers.**

2 **Nettoyez les girolles en les grattant avec la pointe d'un couteau, mais ne les rincez pas. Faites-les revenir dans 1 cuillerée à soupe d'huile d'olive pendant 10 min. Salez et poivrez.**

3 **Hachez la ventrèche avec l'échalote, l'ail, les noisettes et le persil. Ajoutez les cœurs et les foies hachés ainsi que les girolles et faites revenir le tout pendant quelques minutes dans le reste d'huile. Salez et poivrez les perdrix, puis farcissez-les de ce mélange.**

4 **Faites cuire au four préchauffé à 210 °C pendant 35 min. Retournez les perdrix en cours de cuisson. Servez chaud.**

Lactaires marinés

• *Préparation* ***20 min*** • *Cuisson* ***30 min*** • *Marinade* ***24 h***
• *Pour* ***4 personnes***

Ingrédients

• 1 kg de lactaires • 12 oignons grelots • 2 gousses d'ail • 10 cl d'huile d'olive • 10 grains de poivre • 1 cuillerée à café de graines de coriandre • 1 branche de thym • 1 feuille de laurier • 1 citron • 10 cl de vinaigre blanc • Sel

1 **Nettoyez les lactaires. Faites-les blanchir dans de l'eau bouillante pendant 5 min, puis égouttez-les.**

2 **Pelez les oignons et les gousses d'ail. Faites-les revenir dans l'huile d'olive avec les grains de poivre, les graines de coriandre, le thym, le laurier et l'ail écrasé.**

3 **Coupez le citron en rondelles et ajoutez-les. Versez le vinaigre et 20 cl d'eau. Salez et laissez cuire pendant 10 min, puis incorporez les champignons. Faites revenir pendant encore 15 min puis laissez refroidir dans un plat de service.**

4 **Laissez mariner pendant 24 h avant de consommer, chaud ou froid.**

Fondue provençale

• *Préparation* ***15 min*** • *Cuisson* ***20 min*** • *Pour* ***4 personnes***

Ingrédients

• 4 tomates • 1 poivron vert • 50 g de beurre • 2 cuillerées à café de paprika • 500 g d'emmenthal râpé • 1 pincée de marjolaine • 15 cl de crème fraîche liquide • 1 cuillerée à café de fécule de pomme de terre • 12 cl de vin blanc • 15 cl de bouillon de volaille • Pain rassis • Poivre

1 **Ébouillantez les tomates et pelez-les. Lavez le poivron, épépinez-le et taillez-le en lamelles. Faites-les revenir dans le beurre de 4 à 5 min.**

2 **Ajoutez le paprika et laissez cuire pendant encore 2 min. Parsemez d'emmenthal râpé et laissez fondre en remuant régulièrement avec une spatule en bois. Poivrez, ajoutez la marjolaine, la crème fraîche, la fécule et mélangez pour obtenir une préparation onctueuse. Versez le vin blanc et le bouillon, remuez et posez le caquelon sur le réchaud au centre de la table.**

3 **Coupez le pain en cubes et disposez-les dans des corbeilles sur la table. Piquez un morceau de pain sur votre fourchette et trempez-le dans la fondue.**

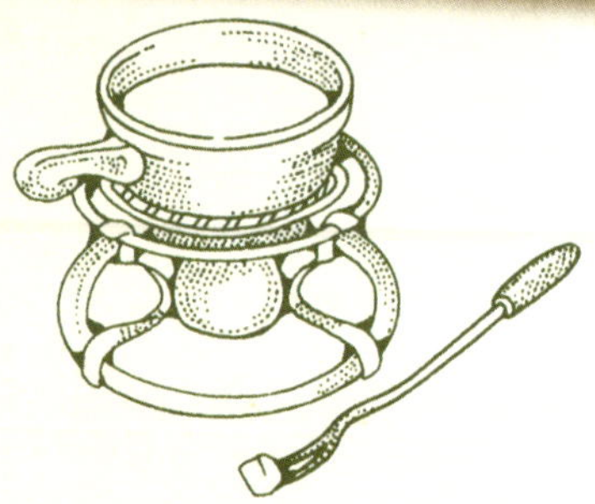

Agneau aux fèves

• *Préparation* ***30 min*** • *Cuisson* ***35 min*** • *Pour* ***4 personnes***

Ingrédients

• 800 g de fèves fraîches • 1 gousse d'ail • 3 cuillerées à soupe d'huile d'olive • 2 branches de sarriette • 8 côtelettes d'agneau • 5 cl de crème fraîche • Fleur de thym • Sel et poivre

1 **Écossez les fèves et retirez leur première peau blanche. Épluchez l'ail et écrasez-le.**

2 **Faites cuire les fèves avec l'huile d'olive et la sarriette, ajoutez l'ail écrasé et 20 cl d'eau. Salez, poivrez et laissez cuire pendant 30 min à couvert.**

3 **Faites griller les côtelettes à la poêle, sans matière grasse, pendant 2 min de chaque côté. En fin de cuisson, ajoutez la crème et remuez.**

4 **Servez les fèves avec les côtelettes grillées et parsemées de fleur de thym.**

Poulpe à l'escabèche

- *Préparation* ***40 min*** • *Cuisson* ***1 h*** • *Marinade* ***24 h***
- *Pour* ***4 personnes***

Ingrédients

Pour le poulpe :
• 1 poulpe de 1 kg • Le jus de 1 citron • 1 feuille de laurier • 1 branche de thym • Quelques feuilles de sauge • Gros sel

Pour l'escabèche rouge :
• 3 tomates • 1 gousse d'ail • 2 échalotes • 2 cuillerées à soupe d'huile d'olive • 1 brin de thym • 1 feuille de laurier • 5 cl de vin rouge • 5 cl de vinaigre balsamique • 1 pincée de piment d'Espelette • Sel et poivre

1 **Retirez les yeux et le bec du poulpe. Rincez-le et coupez-le en morceaux.**

2 **Faites-le cuire à feu doux dans de l'eau salée, avec le jus de citron, le laurier, le thym et la sauge, pendant 1 h environ, jusqu'à ce qu'il soit tendre. Égouttez-le.**

3 **Pour l'escabèche, pelez les tomates et concassez-les. Épluchez l'ail et les échalotes et émincez-les.**

4 **Faites-les revenir dans l'huile d'olive avec le thym et le laurier. Ajoutez le vin rouge et le vinaigre. Saupoudrez de piment, salez et poivrez. Laissez cuire de 10 à 15 min à découvert pour faire réduire.**

5 **Laissez refroidir avant de verser cette escabèche sur les morceaux de poulpe. Laissez-les mariner pendant au moins 24 h dans l'escabèche avant de les servir.**

LA SARRIETTE

La sarriette, pèbre d'aï *en provençal, soit « poivre d'âne », a servi de substitut au poivre pendant la Seconde Guerre mondiale, lorsque cette épice se faisait rare. Présente dans la composition du mélange des herbes de Provence, cette plante qui pousse aux bords des chemins méditerranéens est reconnue pour aider à la digestion et neutraliser les flatulences. Elle a aussi donné son nom provençal à une spécialité fromagère : le* pèbre d'aï, *un fromage frais de chèvre ou de brebis saupoudré de sarriette moulue. Il est parfois roulé dans la sarriette qui forme une croûte autour de la pâte.*

Seiches à la sétoise

• *Préparation* ***15 min*** • *Cuisson* ***1 h***
• *Pour* ***4 personnes***

Ingrédients

• 1,5 kg de seiches • 3 gousses d'ail • 2 gros oignons • 4 tomates • 3 cuillerées à soupe d'huile d'olive • 4 cl de cognac • 1 feuille de laurier • 1 branche de thym • 1 pincée de filaments de safran • 10 cl de vin blanc • Sel et poivre

Pour l'aïoli :
• 6 gousses d'ail • 1 pincée de sel • 25 cl d'huile d'olive • 1 jaune d'œuf

1 Videz les seiches. Coupez-les en rondelles et faites-les cuire sur feu moyen pour leur faire rendre leur eau. Égouttez-les.

2 Épluchez l'ail et les oignons. Hachez-les finement. Pelez les tomates et concassez-les.

3 Faites revenir les rondelles de seiche dans l'huile d'olive avec l'ail et les oignons hachés. Après 10 min, déglacez avec le cognac et faites flamber. Ajoutez les tomates, le laurier, le thym, le safran et versez le vin blanc. Salez, poivrez. Laissez cuire pendant 25 min à feu doux, à découvert.

4 Préparez l'aïoli : pelez les gousses d'ail, coupez-les en deux dans le sens de la longueur pour retirer les germes. Placez-les dans le bol d'un mortier, ajoutez 1 pincée de sel et écrasez avec le pilon en versant 1 cuillerée à soupe d'huile d'olive, jusqu'à obtenir une crème lisse. Incorporez le jaune d'œuf, et fouettez en ajoutant peu à peu le reste d'huile pour faire monter la sauce.

5 Ajoutez l'aïoli aux seiches et faites chauffer pendant quelques minutes en remuant, sans laisser bouillir. Servez avec du riz blanc.

LA TABLE SÉTOISE

Parmi les spécialités de Sète, on trouve la tielle *: tourte de poulpes à la tomate et aux épices ; la* macaronade *: bœuf et porc mijotés au vin rouge avec tomates, aromates, macaronis et parmesan ; les* zézettes *: longs biscuits aux extrémités pincées, à base de vin muscat et d'huile d'olive ; le* pastissou *: gâteau aux graines d'anis et aux copeaux d'olives vertes ; le* frescati *: génoise au rhum et aux raisins secs, surmontée de meringue et enrobée d'un fondant au café.*

Boulettes de bœuf

- *Préparation* ***15 min*** • *Cuisson* ***25 min***
- *Pour* ***4 personnes***

Ingrédients

• 1 oignon violet • 2 gousses d'ail • 5 cuillerées à soupe d'huile d'olive • 500 g de bœuf hachée • 150 g de chair à saucisse • 1 œuf • Basilic • 5 cl de vin blanc • 5 tomates • 100 g d'olives vertes et noires • Sel et poivre

1 **Épluchez l'oignon et l'ail, hachez-les et faites-les revenir dans 2 cuillerées à soupe d'huile d'olive. Mélangez-les avec la viande hachée et la chair à saucisse. Ajoutez l'œuf et le basilic ciselé. Salez, poivrez et modelez des boulettes de viande à partir de cette préparation.**

2 **Faites chauffer le reste d'huile dans une sauteuse et faites-y dorer les boulettes en les tournant régulièrement. Réservez-les dans une assiette et déglacez les sucs dans la sauteuse en versant le vin blanc. Remuez.**

3 **Pelez et concassez les tomates. Versez-les dans la sauteuse. Ajoutez les olives. Laissez réduire pendant 10 min avant de remettre les boulettes. Laissez mijoter pendant quelques minutes. Servez ces boulettes avec du riz de Camargue.**

LE RIZ DE CAMARGUE

Le riz est apparu dans le sud de la France à la fin du XIIIe siècle. La Camargue est le principal lieu de production français ; le mistral y protège le riz des maladies grâce à son effet séchant. Avec l'interruption du trafic maritime de 1939 à 1945 et la pénurie de denrées alimentaires, la production de riz camarguais connut un véritable essor.

LA BOUILLABAISSE

Plat emblématique de Marseille, la bouillabaisse, ce fameux plat à base de poissons qu'on ne présente plus, connaît de multiples variantes. Pourtant, les puristes défendent une recette traditionnelle, qui répond à des règles strictes.

À l'origine, la bouillabaisse était un ragoût préparé avec les poissons invendus qui restaient au fond du panier des pêcheurs des calanques, entre Marseille et Toulon ; c'était donc un plat modeste. On mettait de l'eau de mer à chauffer dans un chaudron sur la plage. Les pêcheurs y plongeaient les poissons invendables – sans tête, au ventre déchiré ou aplati par les frottements des filets –, et faisaient mijoter, sans laisser bouillir ! C'est d'ailleurs de là que le plat tient son nom : l'expression provençale *bolhabaissa* vient de *bolh*, « il bout », et *abaissa*, « abaisse », autrement dit « quand ça bout, il faut baisser le feu ». Après vingt minutes de cuisson, le bouillon était versé sur du pain rassis frotté d'ail. Puis les poissons étaient partagés et mangés avec de la rouille ou de l'aïoli.

La rouille

Cette sauce provençale doit sa couleur au piment rouge et au safran qui la composent. Elle est l'accompagnement incontournable de la bouillabaisse.

Ingrédients

• 3 gousses d'ail • 2 jaunes d'œufs • 1 pincée de paprika • 1 pincée de safran • 1 pointe de piment de Cayenne • 50 cl d'huile d'olive • 1 cuillerée à soupe de fumet de poisson • Sel

1 **Pelez l'ail, dégermez-le et pilez-le. Mélangez-le avec les jaunes d'œufs, le safran, le paprika, 1 pincée de sel et le piment de Cayenne.**

2 **Ajoutez l'huile en filet en remuant sans cesse, comme pour une mayonnaise. Détendez avec le fumet de poisson.**

3 **Servez avec la bouillabaisse.**

La recette originelle

• *Préparation* **30 min** • *Cuisson* **40 min** • *Pour* **4 personnes**

Ingrédients

• 1,5 kg de poissons de roche • 4 gousses d'ail • 2 oignons • 3 tomates • 1 branche de fenouil • 6 pommes de terre • 5 cuillerées à soupe d'huile d'olive • Laurier • Thym • 2 pincées de safran • 2 piments • Sel et poivre

1 **Videz les poissons et écaillez-les. Séparez les poissons fermes (congre, rouget grondin, chapon, etc.) des poissons plus tendres (lotte, saint-pierre, etc.).**

2 **Épluchez l'ail et les oignons. Écrasez l'ail et émincez les oignons. Lavez les tomates et le fenouil. Concassez les premières et taillez le second en dés. Pelez les pommes de terre et coupez-les en dés.**

3 **Dans un faitout, faites revenir dans l'huile d'olive les tomates, les pommes de terre, l'ail, l'oignon et le fenouil. Ajoutez le laurier, le thym, le safran, le piment ciselé. Salez et poivrez. Recouvrez d'eau et laissez frémir pendant 12 minutes.**

4 **Ajoutez les poissons : déposez d'abord les fermes, puis les tendres. Laissez cuire à feu vif pendant 13 minutes en tout.**

5 **Dressez sur un plat les pommes de terre et les poissons, et versez le bouillon dans une soupière. Servez avec de la rouille.**

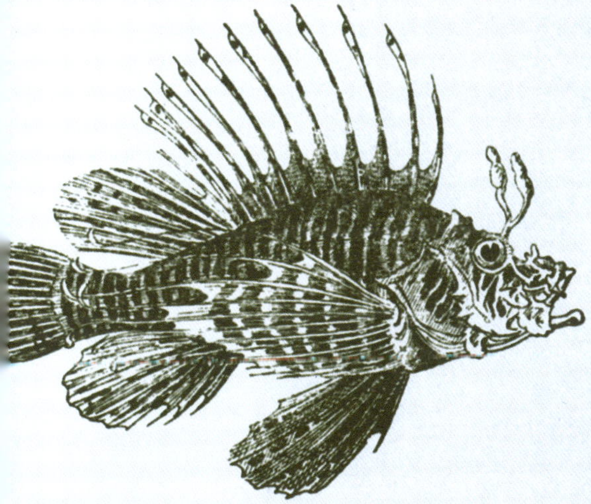

LES POISSONS DE ROCHE

Si, à l'origine, la bouillabaisse était un plat rustique, des cuisiniers décidèrent de l'améliorer. Ils remplacèrent l'eau de mer par un fumet de poisson et choisirent des petits poissons de roche. On dit d'ailleurs aujourd'hui que sans au minimum quatre poissons de roche, il n'y a pas de bouillabaisse digne de ce nom ! Pour la préparer, il faut donc choisir l'un des poissons suivants : de la rascasse, de la rascasse blanche, du rouget grondin, de la vive, de la lotte, du congre, du saint-pierre et du chapon. Autrefois, on ajoutait des cigales de mer pour leur saveur délicate. Devenues rares, elles sont aujourd'hui souvent remplacées par de la langouste, ce qui donne une bouillabaisse certes délicieuse, mais pas traditionnelle.

Piperade

• *Préparation* **20 min** • *Cuisson* **40 min** • *Pour* **6 personnes**

Ingrédients

• 2 poivrons rouges • 2 poivrons verts • 2 poivrons jaunes • 1 piment vert • 3 gousses d'ail • Quelques brins de persil • 5 cuillerées à soupe d'huile d'olive • 1 pincée de piment d'Espelette • 6 œufs • Sel et poivre

1 **Lavez les poivrons et le piment. Coupez-les, épépinez-les et détaillez-les en lanières. Pelez l'ail et hachez-le. Ciselez le persil.**

2 **Faites revenir les lanières de poivrons et de piment dans l'huile d'olive avec l'ail et le persil. Salez, poivrez et ajoutez le piment d'Espelette. Couvrez et laissez cuire pendant 30 min.**

3 **Battez les œufs en omelette, salez, poivrez et versez sur les poivrons en tournant. Laissez cuire pendant encore 5 min à feu doux. Servez aussitôt.**

Rôti de porc à la plancha

• *Préparation* **30 min** • *Cuisson* **35 min** • *Marinade* **1 h**
• *Pour* **4 personnes**

Ingrédients

• 5 cuillerées à soupe d'huile • 2 cuillerées à soupe de vinaigre balsamique • 1 cuillerée à soupe de graines de cumin • 1 cuillerée à soupe de miel • 2 oignons • 600 g d'échine de porc détaillée en 4 tranches • 4 courgettes • 2 gousses d'ail • Herbes de Provence • Sel et poivre

1 **Mélangez 2 cuillerées à soupe d'huile d'olive, le vinaigre, le cumin, le miel, les oignons émincés, du sel et du poivre. Faites mariner les tranches de porc dans cette préparation pendant 1 h.**

2 **Lavez les courgettes et détaillez-les en fines rondelles. Faites-les sauter dans le reste d'huile. Ajoutez l'ail écrasé et des herbes de Provence. Salez, poivrez et laissez cuire pendant 20 min (les courgettes ne doivent pas s'écraser).**

3 **Faites griller les tranches de porc à la plancha de 7 à 8 min sur chaque côté. Servez aussitôt avec les courgettes sautées aux herbes.**

LES BIENFAITS DE LA PLANCHA

À l'image du barbecue, la plancha a la cote auprès des amoureux de la diététique, car elle permet d'utiliser très peu de matière grasse pour la cuisson des aliments. Elle a de plus un avantage sur le premier, car les légumes, la viande ou les poissons ne sont jamais en contact direct avec la flamme, ce qui évite la production de substances cancérigènes, que l'on associe aux graisses carbonisées.

Brandade de morue à la nîmoise

• *Préparation* ***30 min*** • *Cuisson* ***40 min*** • *Dessalage* ***24 h***
• *Pour* ***4 personnes***

Ingrédients

• 1 kg de morue salée • 2 gousses d'ail • Persil • 25 cl de lait • 3 pommes de terre • 35 cl d'huile d'olive • 20 cl de crème fraîche • Poivre

1 **La veille, faites dessaler la morue en changeant l'eau deux ou trois fois. Le jour même, coupez-la en morceaux et faites-les cuire dans de l'eau frémissante pendant 7 min.**

2 **Épluchez l'ail et rincez le persil. Hachez-les. Faites tiédir le lait. Lavez les pommes de terre et faites-les cuire à la vapeur.**

3 **Égouttez la morue et émiettez la chair en retirant la peau et les arêtes. Placez-la dans une terrine au bain-marie. Écrasez la morue en versant tantôt 1 filet de lait chaud, tantôt 1 filet d'huile d'olive jusqu'à obtenir une purée onctueuse. Ajoutez l'ail et le persil hachés. Poivrez.**

4 **Ajoutez les pommes de terre écrasées en purée et la crème fraîche. Rectifiez l'assaisonnement.**

5 **Transvasez dans un plat allant au four et faites gratiner sous le gril pendant 15 min. Servez chaud avec des croûtons aillés.**

MORUE OU CABILLAUD ?

Selon que vous vous adressez à un pêcheur ou à un cuisinier, la distinction entre morue et cabillaud ne sera pas la même. Pour les premiers, la différence entre les deux a trait à l'âge des poissons : la morue est jeune, le cabillaud est plus mûr. Pour les seconds, la morue est le poisson salé, par opposition au cabillaud, qui représente le poisson frais.

Pieds et paquets marseillais

• *Préparation* ***30 min*** • *Cuisson* ***6 h*** • *Pour* ***4 personnes***

Ingrédients

• 3 gousses d'ail • 3 gros oignons • 3 clous de girofle • 2 carottes • 5 tomates • 8 cl d'huile d'olive • 8 pieds d'agneau blanchis • 12 petits paquets d'agneau • 1 branche de thym • 1 feuille de laurier • 1 piment oiseau • 50 cl de vin blanc • Sel et poivre

1 **Épluchez l'ail et 2 oignons, puis émincez-les. Piquez le troisième avec les clous de girofle. Pelez les carottes et coupez-les en rondelles. Pelez les tomates et coupez-les en quatre.**

2 **Faites revenir les oignons émincés et les carottes dans l'huile d'olive puis ajoutez les pieds d'agneau et, au-dessus, les paquets. Faites-les revenir puis incorporez l'ail, les tomates, l'oignon piqué, le thym, le laurier et le piment oiseau. Salez et poivrez.**

3 **Arrosez de vin blanc et ajoutez 50 cl d'eau. Couvrez et laissez cuire à feu très doux pendant 6 h.**

4 **Lorsque les paquets et les pieds sont cuits, sortez-les et faites réduire la sauce. Remettez-les dans la sauce pour les servir bien chauds et accompagnez de pommes de terre en robe des champs.**

LES TRIPIERS

Ce métier vieux de plus de neuf cents ans se transmettait souvent de père en fils. À Marseille, en 1921, pour mettre fin aux conflits entre les bouchers en gros et les tripiers, on créa la halle aux abats : une coopérative entre chevillards et bouchers des abattoirs, seuls habilités à vendre les abats. Aujourd'hui, les tripiers préparent et perpétuent les spécialités locales : pieds et paquets (ou pieds en paquets) marseillais, bœuf en daube à la marseillaise, andouillettes provençales…

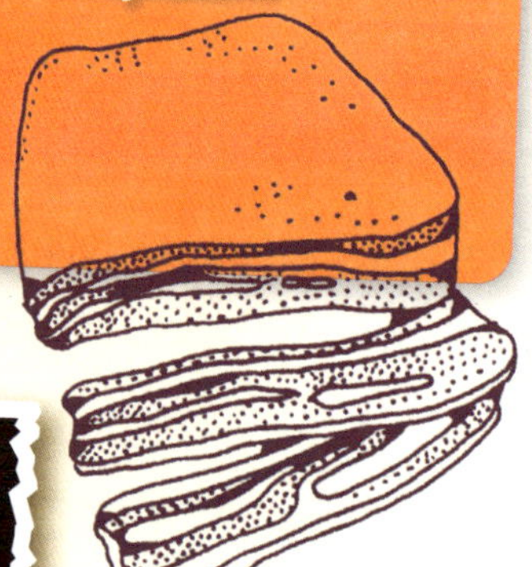

Catigot d'anguille

• *Préparation* ***15 min*** • *Cuisson* ***30 min*** • *Pour* ***4 personnes***

Ingrédients

• 1 kg d'anguilles • 4 tomates • 3 gousses d'ail • 10 cl d'huile d'olive • Le zeste de 1 orange • 1 brin de thym • 1 feuille de laurier • 35 cl de vin rouge • 8 pommes de terre • Rouille • Sel et poivre

1 **Rincez les anguilles, dépecez-les et videz-les. Essuyez-les puis coupez-les en tronçons. Pelez et concassez les tomates. Épluchez l'ail et hachez-le.**

2 **Faites revenir les légumes dans l'huile d'olive et ajoutez le zeste d'orange et les aromates. Ajoutez les morceaux d'anguille, salez et poivrez. Versez le vin, couvrez, et laissez cuire pendant 20 min. Puis retirez le couvercle et laissez mijoter pendant encore 10 min.**

3 **Pelez et lavez les pommes de terre. Coupez-les en tranches épaisses et faites-les cuire à l'eau pendant 20 min. Servez les anguilles accompagnées de pommes de terre et de rouille.**

LA CAPETCHADE

La capetchade *est le terme que l'on utilise pour désigner la pêche des anguilles. Elle tient son nom des filets verticaux utilisés :* les capetchades. *Les filets doivent être mis en place en août et septembre dans les étangs. D'octobre à février, les anguilles sont capturées, notamment quand les vents amènent la nourriture et troublent l'eau des bords des étangs.*

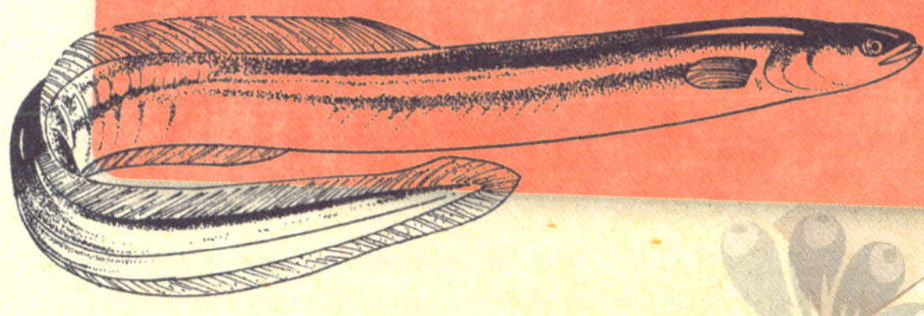

Tomates à la provençale

• *Préparation* ***10 min*** • *Cuisson* ***50 min*** • *Pour* ***6 personnes***

Ingrédients

• 12 tomates • 4 cuillerées à soupe d'huile d'olive • 6 gousses d'ail • 1 bouquet de persil • Herbes de Provence • 4 cuillerées à soupe de chapelure • Sel et poivre

1 **Lavez les tomates, retirez le pédoncule et coupez-les en deux dans l'épaisseur. Épépinez-les, salez-les et retournez-les pour les faire dégorger. Disposez les moitiés de tomates, côté peau, dans un plat huilé.**

2 **Hachez l'ail avec le persil. Mélangez-les avec l'huile d'olive, les herbes de Provence et la chapelure. Salez et poivrez. Répartissez ce hachis sur les tomates.**

3 **Faites cuire au four préchauffé à 180 °C pendant 50 min. Servez bien chaud.**

Tian

• *Préparation* ***30 min*** • *Cuisson* ***1 h 15***
• *Repos* ***30 min*** • *Pour* ***6 personnes***

Ingrédients

• 5 tomates • 2 aubergines • 3 courgettes • 3 oignons violets • 150 g de fromage de brebis • Huile d'olive • Herbes de Provence • Origan • Parmesan • Sel et poivre

1 **Lavez les tomates et coupez-les en rondelles épaisses. Faites-les dégorger au sel pendant 30 min. Lavez les aubergines et les courgettes et coupez-les en rondelles. Pelez les oignons et coupez-les en rondelles fines. Coupez le fromage en lamelles.**

2 **Dressez le tian dans un plat à gratin huilé, en alternant les rondelles de courgettes, de tomates, d'oignons, d'aubergines et les lamelles de fromage de brebis, en les disposant en rond sur toute la surface du plat, jusqu'à épuisement des ingrédients. Salez et poivrez. Parsemez le plat d'herbes de Provence, d'origan et de parmesan râpé.**

3 **Faites cuire au four pendant 45 min à 210 °C, puis baissez à 180 °C et poursuivez la cuisson pendant encore 20 min. Servez chaud.**

UN GRATIN, UN PLAT

Le tian désigne non seulement le gratin, mais aussi le plat en terre cuite vernissée dans lequel il est cuit, car il nécessite une cuisson lente à découvert. Autrefois, on plaçait le tian dans le four après la cuisson du pain : cela permettait de bénéficier de la chaleur résiduelle du four sans avoir à surveiller la cuisson. Traditionnellement, on recouvrait les tians de chapelure. Aujourd'hui, on préfère les parsemer de tomme de chèvre râpée.

Moules à l'anisette

• *Préparation* ***20 min*** • *Cuisson* ***15 min***
• *Pour* ***4 personnes***

Ingrédients

• 1 kg de moules de bouchot • 2 échalotes • 1 gousse d'ail • 25 g de beurre • 1 cuillerée à soupe de graines de fenouil • 5 cl d'anisette • 4 tiges de fenouil • 10 cl de crème liquide • 2 brins d'aneth • Poivre

1 **Nettoyez les moules à l'eau claire. Pelez les échalotes et l'ail. Émincez les échalotes, hachez l'ail.**

2 **Faites fondre le beurre dans un faitout et faites revenir pendant 10 min les échalotes, l'ail écrasé et les graines de fenouil. Ajoutez l'anisette, les tiges de fenouil, couvrez, augmentez le feu et versez les moules. Remuez et laissez cuire pendant 3 min.**

3 **Dès que les moules sont ouvertes, ajoutez la crème, du poivre et parsemez de l'aneth ciselé. Remuez, couvrez et laissez sur le feu pendant encore 2 min. Servez aussitôt.**

LE PASTIS

De l'occitan provençal pastis, « pâté » ou « mélange » ou « embrouille », le pastis, élaboré par le Marseillais Paul Ricard en 1932, est la boisson anisée la plus vendue dans le monde. À l'origine, le pastis est le résultat de la macération de fenouil et de réglisse dans de l'alcool à 45°.
Le fenouil a depuis été remplacé par de la badiane (anis étoilé).
Il se boit en apéritif, allongé d'eau.

Petits farcis provençaux

• *Préparation* ***30 min*** • *Cuisson* ***45 min*** • *Pour* ***6 personnes***

Ingrédients

• 6 tomates • 6 petits poivrons • 6 oignons • 6 courgettes rondes • 6 petits pâtissons • 6 petites aubergines • 3 gousses d'ail • 3 cuillerées à soupe d'huile d'olive + supplément pour le plat • Thym • Romarin • 300 g de quasi de veau • 150 g de poitrine de porc • 1 œuf • 80 g de parmesan • Persil • Estragon • Sel et poivre

1 **Ébouillantez pendant 1 min les tomates, les poivrons et les oignons préalablement épluchés. Égouttez-les. Coupez le haut de chaque légume. Réservez les chapeaux. Creusez les oignons et les tomates. Épépinez les poivrons.**

2 **Faites pocher pendant 6 min les courgettes, les pâtissons et les aubergines. Coupez les chapeaux, creusez et prélevez la chair avec une petite cuillère. Réservez-la pour la farce. Pelez les gousses d'ail et hachez-les.**

3 **Hachez la pulpe d'oignon, la chair des aubergines, des courgettes, des pâtissons et des tomates. Faites revenir le tout dans une sauteuse à l'huile d'olive, pendant 5 min, à feu vif, avec l'ail, le thym et le romarin. Salez et poivrez.**

4 **Mixez le veau et la poitrine. Ajoutez-les dans la sauteuse et faites rissoler pendant 1 min. Laissez refroidir avant d'ajouter l'œuf, le parmesan râpé, du persil et de l'estragon ciselés.**

5 **Farcissez les légumes de ce mélange. Refermez avec les chapeaux. Déposez-les sur un plat à gratin huilé et faites cuire au four préchauffé à 200 °C pendant 30 min. Servez chaud.**

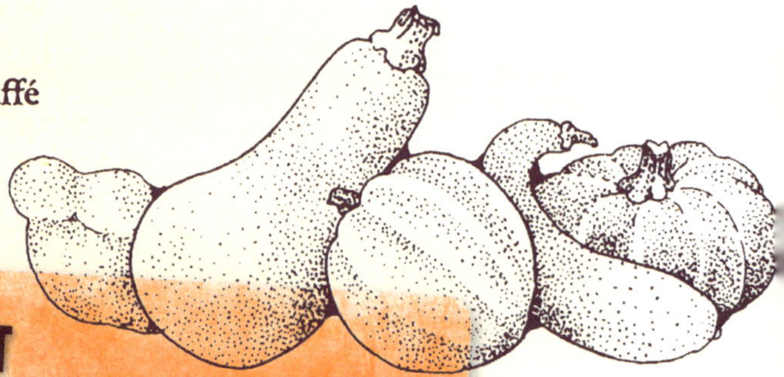

LE PÂTISSON

Le pâtisson, également appelé artichaut d'Espagne, ou bonnet-de-prêtre, est le fruit d'une plante annuelle de la famille des cucurbitacées (courges). De couleur blanche le plus souvent, mais également jaune, vert ou panaché, il a la forme d'un béret ondulé et son goût ressemble à celui de l'artichaut cuit. On le consomme parfois très jeune, comme minilégume.

Bourride

• *Préparation* ***30 min*** • *Cuisson* ***25 min*** • *Pour* ***4 personnes***

Ingrédients

• 1 kg de baudroie (lotte) • 1 kg de loup • 5 gousses d'ail • 1 oignon blanc • 4 carottes • 1 bulbe de fenouil • 1 branche de céleri • 1 brin de fenouil sauvage • 1 feuille de laurier • Le zeste de 1 orange • 75 cl de vin blanc • 30 cl d'aïoli • 4 jaunes d'œufs • 8 tranches de pain de campagne rassis • Sel et poivre

1 **Coupez les poissons en tranches. Épluchez l'ail et l'oignon. Émincez l'oignon. Pelez les carottes, lavez les autres légumes et coupez-les tous en morceaux.**

2 **Mettez le tout dans un faitout avec le brin de fenouil, le laurier, le zeste d'orange et le vin. Couvrez d'eau chaude. Salez, poivrez et laissez cuire pendant 15 min. Dès que le poisson est cuit, retirez-le du faitout et réservez-le au chaud. Filtrez le bouillon de cuisson.**

3 **Mélangez l'aïoli avec les jaunes d'œufs pour obtenir une sauce onctueuse. Ajoutez 15 cl de bouillon et placez à feu doux en remuant sans cesse, sans laisser bouillir, jusqu'à épaississement.**

4 **Disposez 2 tranches de pain dans chaque assiette, imbibez-les de bouillon. Posez par-dessus les morceaux de poisson. Nappez de sauce et servez aussitôt.**

Daurade varoise

• *Préparation* ***15 min*** • *Cuisson* ***30 min*** • *Pour* ***4 personnes***

Ingrédients

•1 oignon • 2 gousses d'ail • 2 tomates • 2 courgettes • 12 olives vertes dénoyautées • 1 bouquet de basilic • 1 daurade de 1,2 kg, écaillée et vidée • 1 cuillerée à café d'origan séché • 3 cuillerées à soupe d'huile d'olive + supplément pour le plat • 10 cl de vin blanc •Le jus de 1 citron • Sel et poivre

1 **Pelez l'oignon et l'ail, hachez-les et répartissez-les dans un plat huilé. Pelez les tomates, épépinez-les et concassez-les. Lavez les courgettes et coupez-les en rondelles. Ajoutez ces légumes dans le plat. Salez, poivrez puis parsemez d'olives et de basilic ciselé.**

2 **Incisez la chair de la daurade à intervalles réguliers. Salez, poivrez et parsemez d'origan. Déposez la daurade dans le plat. Arrosez d'huile d'olive, ajoutez le vin blanc et le jus de citron.**

3 **Faites cuire au four préchauffé à 200 °C pendant 30 min, en recouvrant le plat d'une feuille de papier d'aluminium à mi-cuisson. Servez chaud avec des pommes de terre vapeur.**

Daube au vin rouge

• *Préparation* ***15 min*** • *Cuisson* ***3 h***
• *Marinade* ***12 h*** • *Pour* ***4 personnes***

Ingrédients

• 800 g de viande de bœuf (gîte, joue et macreuse) • 1 litre de vin rouge corsé • 2 oignons • 3 clous de girofle • 2 carottes • 2 gousses d'ail • Le zeste de 1 orange non traitée • 1 bouquet garni • 100 g de poitrine fumée • 2 cuillerées à soupe d'huile d'olive • 1 pincée de cannelle (facultatif) • 100 g d'olives noires • Persil • Sel et grains de poivre noir

1 **La veille, mettez la viande coupée en cubes dans un plat creux avec le vin rouge, 1 oignon piqué des clous de girofle, les carottes coupées en rondelles, l'ail écrasé, le zeste d'orange, le bouquet garni et des grains de poivre. Laissez mariner pendant 12 h.**

2 **Le lendemain, égouttez les morceaux de viande et réservez la marinade. Coupez la poitrine fumée en lardons et faites-les blanchir dans de l'eau bouillante pendant 2 min, égouttez-les.**

3 **Épluchez l'oignon restant, émincez-le et faites-le dorer dans une cocotte avec l'huile. Ajoutez les lardons et la viande. Faites revenir à feu vif et à découvert jusqu'à évaporation du liquide rendu par la viande. Ajoutez la marinade, la cannelle et du sel, et laissez mijoter à feu doux pendant 3 h. En fin de cuisson, ajoutez les olives.**

4 **Servez la daube dans le plat de cuisson, parsemée de persil ciselé. Accompagnez de riz.**

LA CUISINE NIÇOISE

Fait assez rare, la cuisine niçoise a obtenu une appellation d'origine contrôlée. Comme il se doit, elle fait honneur aux saveurs et aux produits de la région, notamment la caillette, petite olive noire de Nice, ou la farigoule (thym)… On lui doit de nombreuses recettes : la salade niçoise, la pissaladière, le pan bagnat, le pistou, les farcis, la ratatouille, la daube, mais aussi la tourte de blettes, les raviolis, les gnocchis niçois, les ganses à la fleur d'oranger, etc.

LES ROUGETS

La coloration de ces poissons de Méditerranée varie du brun au rouge en fonction de l'âge, de la profondeur de l'eau ainsi que de la saison. Parmi les différentes espèces, on en retient deux : le rouget de roche (surmulet), qui peut atteindre 40 cm. Sa nageoire dorsale a des bandes ou des points colorés et, au niveau inférieur de ses flancs, on peut distinguer trois bandes jaunes longitudinales. Il vit le long des côtes rocheuses. Le rouget barbet (rouget de vase ou surmulet rouge) peut mesurer 30 cm. Il porte des écailles rouge vif, caractéristiques des fonds sablonneux.

Rougets en vinaigrette

• *Préparation* ***20 min*** • *Cuisson* ***15 min***
• *Marinade* ***1 h*** • *Pour* ***4 personnes***

Ingrédients

• 4 gousses d'ail • 1 brin de thym frais • 1 branche de romarin frais • 16 feuilles de basilic • 8 brins de persil • 1 cuillerée à café de graines de coriandre • Grains de poivre blanc • 1 cuillerée à café de baies roses • 2 cuillerées à soupe de vinaigre de vin blanc • 8 cuillerées à soupe d'huile d'olive • 8 filets de rougets de roche • 2 bulbes de fenouil • Fleur de sel

1 **Épluchez l'ail, dégermez-le et coupez-le en lamelles. Émiettez le thym et le romarin. Ciselez le basilic et le persil. Pilez les graines de coriandre, le poivre blanc et les baies roses.**

2 **Mélangez le vinaigre et 6 cuillerées à soupe d'huile, ajoutez 1 pincée de fleur de sel, les épices pilées et les herbes ciselées. Badigeonnez les filets de rougets de la moitié de cette marinade et laissez-les macérer pendant 1 h au réfrigérateur, en les retournant de temps en temps.**

3 **Émincez les fenouils. Faites-les fondre dans une sauteuse avec l'huile d'olive, à feu doux, pendant 15 min. Salez à la fleur de sel. Faites cuire les rougets à la vapeur pendant 10 min.**

4 **Garnissez quatre assiettes de fenouil et dressez les filets de rougets par-dessus. Arrosez du reste de marinade en filet. Servez aussitôt.**

Barba juan

• *Préparation* ***15 min*** • *Cuisson* ***30 min***
• *Repos* ***30 min*** • *Pour* ***4 personnes***

Ingrédients

Pour la pâte :
• 250 g de farine • 1 pincée de sel • 1 cuillerée à soupe d'huile d'olive

Pour la garniture :
• 1 botte de bettes • 50 g de riz de Camargue • 1 oignon • 2 cuillerées à soupe d'huile d'olive • 4 filets d'anchois • 2 œufs • 100 g de parmesan • Huile d'arachide pour la friture • Sel et poivre

1 **Préparez la pâte : mélangez la farine et le sel puis ajoutez 10 cl d'eau et l'huile. Pétrissez la pâte puis laissez-la reposer pendant 30 min au frais.**

2 **Pour la garniture : séparez les feuilles vertes des côtes de bettes lavées et faites-les blanchir pendant 1 min dans de l'eau salée, puis passez-les sous l'eau froide. Égouttez-les et hachez-les.**

3 **Faites cuire le riz dans de l'eau bouillante salée. Égouttez-le.**

4 **Épluchez l'oignon, émincez-le et faites-le suer à feu doux dans l'huile d'olive sans le laisser colorer. Ajoutez les filets d'anchois, les bettes et le riz. Poivrez et laissez cuire à feu doux. Hors du feu, ajoutez les œufs battus et le parmesan râpé. Rectifiez l'assaisonnement.**

5 **Abaissez la pâte au rouleau sur un plan fariné. Découpez des cercles de pâte avec un verre et déposez 1 noix de farce au milieu de chaque découpe. Repliez les bords pour former des chaussons.**

6 **Faites frire ces chaussons jusqu'à ce qu'ils soient dorés.**

7 **Dégustez-les tièdes ou froids avec une salade de mesclun.**

Rougets oursinado

- *Préparation* ***25 min*** • *Cuisson* ***6 min***
- *Marinade* ***30 min*** • *Pour* ***6 personnes***

Ingrédients

• 6 rougets barbets • 6 cuillerées à soupe d'huile d'olive • Brins de fenouil • 3 douzaines d'oursins • 1 citron • Sel et poivre

1 **Lavez les rougets et écaillez-les, sans les vider. Arrosez-les de 3 cuillerées à soupe d'huile d'olive, salez, poivrez et laissez-les mariner pendant 30 min.**

2 **Égouttez les rougets et posez-les sur des brins de fenouil, sur le gril, et faites-les griller pendant 3 min sur chaque face.**

3 **Pendant ce temps, ouvrez les oursins, retirez le corail et délayez-le à feu très doux, sans faire bouillir, dans 3 cuillerées à soupe d'huile d'olive.**

4 **Servez les rougets chauds nappés de cette crème d'oursins et accompagnés de rondelles de citron.**

LES OURSINADES

Vieille tradition provençale, le ramassage des oursins n'est pas à la portée de tous. Ce sont des plongeurs professionnels qui les cueillent à la main, de façon tout à fait artisanale. On peut déguster ce mets rare et convoité notamment lors des oursinades – dégustations d'oursins – qui se tiennent chaque mois de février sur le port de Carry-le-Rouet.

Poulet farci aux figues

• *Préparation* ***45 min*** • *Cuisson* ***1 h 30*** • *Pour* ***4 personnes***

Ingrédients

• 4 foies de volaille • 4 cuillerées à soupe d'huile d'olive • 2 oignons • 8 figues noires • 2 pincées de cannelle • 2 tranches de pain • 20 cl de lait • 1 poulet • Fleur de thym • Sel et poivre

1 **Faites revenir les foies de volaille dans une poêle, à feu doux, avec 3 cuillerées à soupe d'huile d'olive, pendant 5 min. Salez et poivrez. Réservez.**

2 **Épluchez les oignons, émincez-les et faites-les cuire sans les laisser brunir dans la poêle de cuisson des foies. Ajoutez les figues coupées en quartiers, la cannelle, les foies réservés et laissez cuire à feu doux pendant 10 min.**

3 **Faites tremper le pain dans le lait et ajoutez-le dans la poêle. Mélangez. Garnissez le poulet de cette farce. Refermez en cousant avec du fil de boucher.**

4 **Badigeonnez le poulet d'huile, parsemez-le de fleur de thym. Salez, poivrez et faites cuire au four préchauffé à 210 °C pendant 1 h 15.**

5 **Sortez le poulet du four et attendez 10 min avant de le découper. Servez avec du riz aux pignons, aux raisins et aux abricots secs.**

LA FIGUE DE CAROMB

On trouve cette variété de figue, longue et noire, dans le Vaucluse, et plus particulièrement dans les communes de Caromb et de Sarrians. Elle est reconnue pour sa saveur sucrée et parfumée, et accompagne à merveille le gibier. On peut également la déguster fraîche, sous forme de confiture et de chutney, ou encore séchée.

Brochettes de thon

• *Préparation* ***15 min*** • *Cuisson* ***5 min*** • *Pour* ***4 personnes***

Ingrédients

• 800 g de thon • 1 gousse d'ail • 6 filets d'anchois à l'huile d'olive • 3 cuillerées à soupe d'huile d'olive • Le jus de 1 citron • Herbes de Provence • Poivre

1 **Coupez le thon en cubes de 3 cm de côté. Épluchez l'ail.**

2 **Écrasez les anchois et l'ail dans un mortier à l'aide d'un pilon. Ajoutez l'huile d'olive, le jus de citron et des herbes de Provence. Poivrez.**

3 **Roulez les morceaux de thon dans cette préparation et laissez-les mariner pendant 15 min à température ambiante.**

4 **Piquez les cubes de thon sur des brochettes et faites-les griller de 5 à 6 min au barbecue, en les tournant régulièrement.**

5 **Servez aussitôt.**

LE GIBIER DE PROVENCE

Dissimulés dans la garrigue, les chasseurs provençaux traquent le petit gibier : faisans, pigeons, perdreaux, bécasses, lièvres, mais organisent aussi des battues aux sangliers (près de Draguignan). Les mouflons, chevreuils, daims, cerfs, chamois sont également des proies prisées.

Pigeons aux anchois

• *Préparation* ***25 min*** • *Cuisson* ***55 min*** • *Pour* ***4 personnes***

Ingrédients

• 12 petites cébettes • 4 gousses d'ail • 1 bouquet de cerfeuil • 2 pigeons • 4 tranches de poitrine fumée • 4 cuillerées à soupe d'huile d'olive • 10 cl de vin blanc sec • 10 cl de bouillon de volaille • 16 chipolatas • 3 tomates • 100 g d'olives noires de Nice • 8 filets d'anchois • Sel et poivre

1 **Épluchez les cébettes et l'ail, sans les couper. Rincez le cerfeuil. Bardez chaque oiseau avec les tranches de lard. Faites-les dorer à la poêle avec l'huile d'olive, puis ajoutez les cébettes, l'ail et le cerfeuil. Salez, poivrez.**

2 **Faites chauffer le vin avec le bouillon et, dès que cébettes et ail sont dorés, versez-le dans la sauteuse pour déglacer. Laissez cuire à feu vif pendant 30 min à découvert.**

3 **Piquez les chipolatas et faites-les griller. Pelez et concassez les tomates, ajoutez-les dans la sauteuse avec les saucisses grillées.**

4 **Ajoutez les olives et les filets d'anchois, et laissez mijoter pendant encore 15 min à découvert pour que la sauce réduise. Servez chaud.**

LES HERBES DE PROVENCE

Elles désignent l'ensemble des plantes aromatiques, fraîches ou séchées, originaires de la région Provence-Alpes-Côte d'Azur. Si la cuisine provençale est colorée, elle doit sa gamme de saveurs à la diversité des plantes qui parfument ses fameuses recettes.

La cueillette des herbes aromatiques sauvages ayant été menacée, des producteurs se sont regroupés pour remettre en culture les plantes aromatiques : thym, romarin, origan, sarriette et basilic sont de nouveau cultivés sur leurs sols de Provence, terroir de prédilection pour des plantes aux arômes d'exception. Aujourd'hui, il existe un mélange *Herbes de Provence* **Label Rouge** réunissant cinq plantes emblématiques (thym, romarin, sarriette, origan et basilic), qui garantit un produit de qualité.

LE SÉCHAGE DES HERBES

Les plantes, qui autrefois séchaient sur place, au soleil, subissaient les conditions climatiques, ce qui pouvait altérer leurs qualités. Pour assurer une qualité constante, les producteurs sèchent désormais leurs plantes dans des séchoirs : elles sont ventilées à l'air froid ou légèrement chauffées, selon l'humidité ambiante, ce qui permet de conserver leur couleur et leurs huiles essentielles. Les herbes séchées sont ensuite battues pour séparer les tiges des feuilles, riches en huiles essentielles. Tamisées, les feuilles sont alors coupées et stockées.

Le bouquet garni

Indispensable en cuisine, il s'agit d'un bouquet composé de quelques variétés de plantes aromatiques (laurier-sauce, thym, persil, romarin) séchées et assemblées avec une ficelle pour pouvoir être retirées en fin de cuisson.

Souvenirs de Provence

Les herbes décorent et parfument l'alimentation comme les habitations ! Cueillies, séchées et conservées dans des sachets en tissu provençal, les herbes de Provence et leurs dérivés s'offrent et figurent au premier rang des souvenirs rapportés du terroir ! Parfums, bougies, fleurs de lavande : autant d'objets parfumés à offrir ou à disséminer dans la maison, pour parfumer les placards et les armoires.

Fraîches ou sèches

Mis à part le laurier-sauce, qui doit toujours être utilisé sec et qui est nocif lorsqu'il est frais, les herbes de Provence sont comestibles sèches ou fraîches. Seule la recette dicte sa préférence car leurs saveurs diffèrent. Les herbes aromatiques séchées ont un arôme plus fort et doivent être utilisées avec parcimonie. Elles accompagnent grillades, sauces, ragoûts, rôtis, poissons, pâtes et salades.

Le petit plus

Pour libérer leurs arômes, écrasez légèrement les herbes de Provence entre vos doigts avant de les ajouter à vos plats. Ou utilisez un moulin.

UNE TÊTE ET DES PIEDS

Calamar, calmar, seiche, encornet, chipiron ou supion dans le Midi : c'est à y perdre son latin ! Ces mollusques appartiennent tous à la famille des céphalopodes, autrement dit « une tête et des pieds » ! Certains peuvent atteindre une taille de 50 cm, avec des tentacules de longueur inégale. Leur sépia (l'encre) est utilisée dans la confection de pâtes alimentaires, qui ont alors une couleur noire.

Calamars farcis

• *Préparation* ***30 min*** • *Cuisson* ***40 min*** • *Pour* ***6 personnes***

Ingrédients

• 20 calamars et leurs tentacules • 6 gousses d'ail • 2 oignons • 8 tomates • 200 g de jambon de pays • 1 botte de persil • 3 cuillerées à soupe d'huile d'olive • 1 piment oiseau • 1 feuille de laurier • 20 cl de vin blanc • 10 cl de cognac • Sel et poivre

1. **Videz les calamars. Pelez et dégermez l'ail. Épluchez les oignons. Pelez et concassez les tomates.**
2. **Hachez les tentacules des calamars, le jambon, le persil, 3 gousses d'ail et les oignons. Poivrez. Mélangez ces ingrédients. Farcissez les calamars avec le hachis et refermez le cornet avec du fil de cuisine.**
3. **Faites revenir les 3 autres gousses d'ail écrasées dans l'huile d'olive, ajoutez les calamars farcis et faites-les cuire pendant 10 min avant d'ajouter les tomates, le piment, le laurier et le vin blanc. Salez et poivrez. Laissez réduire pendant 30 min.**
4. **Déglacez avec le cognac et servez aussitôt avec un riz safrané.**

LE MESCLUN

Le mesclun est une salade composée d'au moins cinq variétés différentes de plantes potagères (laitue, mâche, roquette, chicorée, trévise, feuille-de-chêne rouge, pourpier, pousses d'épinards, de betteraves, de moutarde, de pissenlit). Il aurait été mis au point par des moines franciscains à Nice, qui auraient mélangé diverses graines entre elles.

Flèque

• *Préparation* ***25 min*** • *Cuisson* ***2 h*** • *Pour* ***6 personnes***

Ingrédients

• 1 kg de pommes de terre • Huile d'olive pour le plat • 2 feuilles de laurier • 6 tranches de lard maigre • Sel et poivre

1 **Pelez les pommes de terre, rincez-les et découpez-les en rondelles de 5 mm d'épaisseur. Disposez-les dans un plat à gratin huilé. Salez très peu, poivrez. Déposez par-dessus les feuilles de laurier, puis les tranches de lard.**

2 **Faites cuire au four préchauffé à 210 °C pendant 2 h environ. Dégustez dès que le lard est rôti, avec une salade de mesclun.**

Lapin sauté

• *Préparation* ***15 min*** • *Cuisson* ***50 min*** • *Repos* ***3 h***
• *Pour* ***6 personnes***

Ingrédients

• 4 gousses d'ail • 1 lapin coupé en morceaux • 2 échalotes • 8 cuillerées à soupe d'huile d'olive • 1 branche de thym • 1 feuille de laurier • 1 branche de romarin • 25 cl de vin blanc • 25 cl de bouillon • 1 bouquet garni • 2 brins d'estragon • 6 tomates • 400 g de lactaires (à défaut, des champignons de Paris) • Persil • Sel et poivre

1 **Épluchez les gousses d'ail et frottez les morceaux de lapin avec 2 d'entre elles. Hachez les 2 dernières. Épluchez et hachez les échalotes.**

2 **Mélangez 4 cuillerées à soupe d'huile d'olive avec le thym, le laurier et le romarin. Badigeonnez-en la viande puis mettez-la dans un plat allant au four. Poivrez, couvrez et réservez au frais pendant 3 h.**

3 **Faites dorer les morceaux de lapin sur toutes les faces dans une sauteuse, avec 2 cuillerées à soupe d'huile. Ajoutez les échalotes et l'ail hachés. Mouillez avec le vin blanc et le bouillon. Salez, poivrez. Ajoutez le bouquet garni et les brins d'estragon. Couvrez, baissez le feu et laissez cuire pendant 15 min.**

4 **Pelez les tomates et concassez-les. Ajoutez-les dans la sauteuse et poursuivez la cuisson pendant 20 min à découvert. Émincez les champignons et faites-les sauter dans le reste d'huile d'olive, salez.**

5 **Servez le lapin accompagné des champignons sautés. Parsemez de persil ciselé.**

Pintade aux olives

• *Préparation* ***45 min*** • *Cuisson* ***1 h 30***
• *Pour* ***4 personnes***

Ingrédients

• 1 pintade de 2 kg • 1 bouquet garni • 1 échalote • 2 clous de girofle • 1 carotte • 3 oignons • 1 kg de pommes de terre • 6 tomates • 2 cuillerées à soupe d'huile d'olive • 150 g de lardons • 10 cl de vin blanc • 300 g d'olives vertes • 50 g de crème fraîche • Fines herbes • Sel et poivre

1 **Détaillez la pintade en morceaux et faites cuire la carcasse pendant 45 min dans 2 l d'eau salée avec le bouquet garni, l'échalote épluchée et piquée des clous de girofle et la carotte coupée en rondelles. Filtrez ce bouillon et réservez-le.**

2 **Pelez les oignons et hachez-les finement. Pelez les pommes de terre et coupez-les en petits cubes. Pelez les tomates et concassez-les.**

3 **Faites revenir les morceaux de pintade dans l'huile d'olive pendant 10 min en les retournant. Réservez les morceaux dorés dans un plat et faites revenir le hachis d'oignons avec les lardons. Laissez confire pendant 10 min.**

4 **Déglacez avec le vin blanc et 50 cl de bouillon de pintade. Salez et poivrez. Replacez les morceaux de pintade et laissez cuire à feu doux à découvert pendant 20 min.**

5 **Ajoutez les pommes de terre et les olives, et poursuivez la cuisson pendant 20 min. Au bout de 10 min, incorporez les tomates concassées. En fin de cuisson, ajoutez la crème fraîche et parsemez des fines herbes ciselées.**

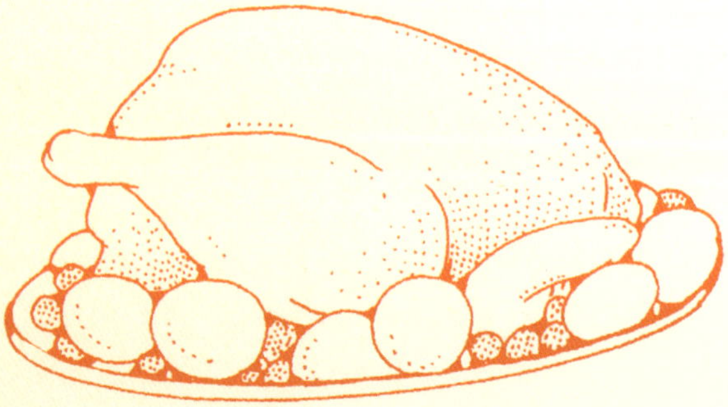

Socca

• *Préparation* ***15 min*** • *Cuisson* ***7 min***
• *Repos* ***30 min*** • *Pour* ***8 personnes***

Ingrédients

• 250 g de farine de pois chiches • 2 cuillerées à soupe d'huile d'olive + supplément pour le plat • Sel et poivre

1 **Délayez la farine dans 50 cl d'eau froide. Ajoutez l'huile d'olive et 1 cuillerée à café de sel. Mélangez vivement pour éviter les grumeaux. La pâte doit avoir une consistance crémeuse. Si elle est trop compacte, délayez avec un peu d'eau. Laissez reposer 30 min.**

2 **Huilez un plat allant au four, chauffez-le dans le four préchauffé à 270 °C et, quand il est bien chaud, versez 1 louche de la préparation. Étalez-la comme une crêpe épaisse et faites cuire sur la position gril de 3 à 5 min. Surveillez la cuisson : si des cloques se forment, piquez-les avec la pointe d'un couteau.**

3 **Sortez le plat dès que la croûte est bien dorée. Recommencez jusqu'à épuisement de la pâte. Poivrez et servez aussitôt.**

LES MARCHANDS AMBULANTS DE SOCCA

Cette spécialité est originaire de Nice et des communes limitrophes jusqu'à Monaco. La socca était le casse-croûte des travailleurs du matin, historiquement vendue par des marchands ambulants qui la cuisaient sur place, sur les marchés. On reconnaissait les vendeurs à leurs roulottes. Les parts étaient vendues dans un cône en papier et se dégustaient chaudes, poivrées, à la sortie du four.

Carré d'agneau à la provençale

• *Préparation* **15 min** • *Cuisson* **25 min** • *Pour* **4 personnes**

Ingrédients

• 1 carré d'agneau de 8 côtelettes • 2 cuillerées à soupe d'huile d'olive • 10 gousses d'ail • 6 brins de persil • Fleur de thym frais • 1 tranche de pain rassis • 30 g de beurre • 50 g d'olives vertes • Sel et poivre

1 **Placez le carré d'agneau dans un plat à rôtir. Badigeonnez-le d'huile d'olive, salez et poivrez. Ajoutez 8 gousses d'ail non pelées. Faites cuire au four préchauffé à 240 °C pendant 20 min.**

2 **Hachez les gousses d'ail restantes avec le persil et le thym. Salez et poivrez. Émiettez le pain rassis et mélangez-le avec le beurre en pommade. Ajoutez le hachis d'ail et d'herbes. Sortez le carré d'agneau du four et tartinez-le de cette préparation.**

3 **Déglacez le plat en versant 20 cl d'eau, ajoutez les olives et retournez les gousses d'ail. Replacez-le au four pour 5 min.**

4 **Découpez le carré d'agneau et servez-le avec l'ail en chemise et les olives. Proposez en accompagnement des courgettes sautées à l'ail et au thym frais.**

L'AGNEAU DE SISTERON

L'élevage de moutons et d'agneaux est une tradition en Provence-Alpes-Côte d'Azur, et la renommée sur les grandes tables de l'agneau de Sisteron *date des années 1920, quand les éleveurs – les « chevillards » –, ont entrepris d'opérer une sélection des bêtes. Celles-ci doivent naître, être élevées et abattues sur la zone protégée et labellisée, exempte de pollution. Elles doivent avoir aussi été allaitées et appartenir aux races mérinos d'Arles (Préalpes du Sud) ou mourérous.*

Sauté de crevettes

• *Préparation* ***25 min*** • *Cuisson* ***30 min*** • *Pour* ***4 personnes***

Ingrédients

• 4 tomates • 1 poivron vert • 1 poivron jaune • 1 oignon • 2 gousses d'ail • 1 branche de céleri • 800 g de crevettes • 3 cuillerées à soupe d'huile d'olive • 1 feuille de laurier • 1 brin de thym • 15 cl de vin blanc sec • 1 pointe de piment de Cayenne • Sel et poivre

1 **Pelez les tomates, épépinez-les et concassez-les. Salez-les et laissez-les dégorger pendant 20 min. Lavez les poivrons, épépinez-les et taillez-les en dés. Épluchez l'oignon et l'ail. Émincez-les. Effilez le céleri et coupez-le en dés.**

2 **Faites sauter les crevettes dans l'huile d'olive pendant 5 min. Égouttez-les, laissez-les refroidir pendant quelques minutes, puis décortiquez-les.**

3 **Dans la même poêle, faites dorer l'oignon et l'ail émincés. Ajoutez les tomates égouttées, les dés de poivron et de céleri, le laurier et le thym. Salez et poivrez. Laissez revenir pendant 5 min en remuant souvent.**

4 **Versez le vin blanc. Laissez réduire pendant 15 min à feu doux. Ajoutez les crevettes décortiquées, le piment de Cayenne. Laissez cuire pendant encore 5 min. Servez chaud avec du riz de Camargue.**

LA SARDINE

La sardine est la deuxième espèce pêchée en Méditerranée après l'anchois. Elle peut se préparer au barbecue : les avis sont partagés quant à la nécessité de la vider et de l'écailler avant de la griller. On la consomme aussi en conserve : selon la tradition, les sardines sont parées à la main, frites, séchées, rangées une à une dans la boîte métallique, puis recouvertes d'huile d'olive vierge extra. Les sardines de qualité se bonifient avec le temps.

Sardinade

• *Préparation* ***10 min*** • *Cuisson* ***8 min*** • *Repos* ***1 h***
• *Pour* ***6 personnes***

Ingrédients

• 1,5 kg de sardines fraîches • 1 kg de gros sel • Huile d'olive • Fleur de thym • Herbes de Provence

1 **Faites dégorger les sardines crues dans le gros sel pendant 1 h. Pendant ce temps, préparez un feu sur un barbecue.**

2 **Essuyez les sardines avec du papier absorbant et posez-les sur la grille quand la braise est rouge. Retournez-les plusieurs fois pour qu'elles grillent de chaque côté.**

3 **Servez-les arrosées d'huile d'olive, avec de la fleur de thym et des herbes de Provence.**

Melon au rasteau

• *Préparation* **15 min** • *Repos* **2 h** • *Pour* **4 personnes**

Ingrédients

• 2 melons • 8 cuillerées à soupe de rasteau • 20 feuilles de menthe poivrée

1 Coupez les melons en deux. Enlevez les graines à l'aide d'une petite cuillère. Prélevez des billes de chair à l'aide d'une cuillère parisienne. Réservez les coques des melons au frais.

2 Mettez les billes de melon dans un saladier. Arrosez-les de vin, remuez et réservez au frais pendant 2 h.

3 Servez les billes de melon macérées dans les coques et décorez de feuilles de menthe ciselée.

L'AOC RASTEAU

Perché sur une butte de 200 m, Rasteau est un village de vignerons du haut Vaucluse. Rasteau est l'une des 16 communes à avoir le droit d'accoler son nom à l'AOC Côtes du Rhône-Villages. Le climat méditerranéen privilégie les vendanges à fort potentiel d'alcool, ce qui permet d'élaborer des vins doux naturels. En 1934, un essai de vinification en vin doux naturel fut fait par des vignerons audacieux et le résultat fut on ne peut plus satisfaisant.

Oreillettes

• *Préparation* ***20 min*** • *Cuisson* ***30 min*** • *Repos* ***2 h***
• *Pour* ***4 personnes***

Ingrédients

• 60 g de beurre • 250 g de farine • 1 pincée de levure • 1 cuillerée à soupe de sucre en poudre + supplément • 2 œufs • 3 cuillerées à soupe d'eau de fleur d'oranger • Le zeste de 1 citron • Huile de friture • Sel

1 **Faites fondre le beurre. Mélangez la farine, la levure, le sucre et 1 pincée de sel. Creusez un puits, ajoutez les œufs et le beurre fondu, l'eau de fleur d'oranger et le zeste de citron ciselé. Mélangez.**

2 **Pétrissez pour former une boule et laissez-la reposer pendant 2 h dans un plat en terre cuite recouvert d'un torchon humide.**

3 **Étalez la pâte au rouleau, de façon qu'elle soit très fine. Découpez, à l'aide d'une roulette dentée, des bandelettes de 3 cm de largeur et de 8 cm de longueur.**

4 **Faites chauffer l'huile dans une friteuse et plongez-y 4 ou 5 oreillettes en même temps, retournez-les quand elles sont dorées et égouttez-les sur du papier absorbant. Saupoudrez de sucre et servez.**

Tartelettes aux abricots

• *Préparation* ***25 min*** • *Cuisson* ***20 min*** • *Pour* ***6 personnes***

Ingrédients

• 1 rouleau de pâte feuilletée • 20 g de beurre • 20 abricots mûrs • 4 cuillerées à soupe de miel de lavande

1 **Déroulez la pâte, découpez-la en 6 cercles et foncez-en des moules à tartelettes beurrés.**

2 **Coupez les abricots en deux et dénoyautez-les. Cassez les noyaux d'abricots, récupérez les amandons et plongez-les pendant 1 min dans de l'eau bouillante. Égouttez-les et retirez la peau qui les recouvre.**

3 **Hachez les amandons émondés et répartissez cette poudre sur les fonds de pâte. Disposez par-dessus les oreillons d'abricots et nappez de miel.**

4 **Faites-les cuire au four préchauffé à 180 °C pendant 20 min et servez-les tièdes avec une boule de crème glacée à la lavande.**

Tarte au citron de Menton

• *Préparation* ***10 min*** • *Cuisson* ***30 min***
• *Repos* ***1 h*** • *Pour* ***4 personnes***

Ingrédients

Pour la pâte :
• 250 g de farine • 70 g de sucre en poudre roux • 1 goutte d'extrait de vanille • 125 g de beurre • 1 œuf • Sel

Pour la garniture :
• 3 citrons non traités • 120 g de beurre • 4 gros œufs • 150 g de sucre • 100 g d'amandes en poudre

1 **Préparez la pâte : mélangez la farine, le sucre, l'extrait de vanille et 1 pincée de sel. Ajoutez le beurre coupé en dés, pétrissez puis ajoutez 1 œuf et pétrissez de nouveau. Formez une boule et laissez la pâte reposer au frais pendant 1 h.**

2 **Étalez la pâte et abaissez-la dans un moule à tarte, piquez-la et faites-la cuire à blanc pendant 20 min dans le four préchauffé à 180 °C (couvrez-la de haricots secs ou de noyaux de fruits pour éviter qu'elle ne gonfle). Sortez-la du four, retirez les haricots ou les noyaux.**

3 **Lavez les citrons, essuyez-les, puis râpez leurs zestes avant de presser leur jus. Faites fondre le beurre. Fouettez les œufs restants avec le sucre, puis ajoutez les zestes et le jus des citrons, la poudre d'amandes et le beurre fondu.**

4 **Versez cette crème au citron sur le fond de tarte précuit et faites cuire à 180 °C pendant environ 10 min. Sortez la tarte du four dès qu'elle est dorée.**

MENTON FÊTE LE CITRON

Depuis les années 1930, le citron est l'emblème de la ville de Menton : les Mentonnais, premiers producteurs européens, en ont fait la vedette de leur carnaval. Ce festival, qui se déroule de février à mars, est l'occasion d'admirer des motifs géants réalisés en agrumes. Il attire chaque année plus de 230 000 visiteurs. C'est la deuxième manifestation de la Côte d'Azur après le carnaval de Nice.

AU BONHEUR DES VIGNES

Le muscat désigne un ensemble de cépages (blancs ou rouges) dont les raisins ont un arôme muscaté. Son parfum est de plus en plus apprécié, aussi bien dans les vins de liqueur que dans les vins secs et même dans les vins effervescents. Le raisin noir AOC muscat du Ventoux est cultivé dans la région située entre le mont Ventoux et Avignon. Ce terroir bénéficie d'un ensoleillement exceptionnel et se distingue par des coteaux d'altitude supérieurs à 200 m qui en font une région bénie des dieux !

Poêlée de muscat

- *Préparation* ***20 min*** • *Cuisson* ***15 min***
- *Pour* ***6 personnes***

Ingrédients

• 2 clous de girofle • 1 bâton de cannelle • 1 étoile de badiane • 75 cl de vin rouge • 1 branche de romarin • 50 g de cassonade • 500 g de raisin muscat • 50 g de beurre demi-sel • 50 cl de crème glacée au romarin

1 **Concassez les clous de girofle, le bâton de cannelle et l'étoile de badiane dans un mortier. Faites réduire pendant 15 min 50 cl de vin avec les épices concassées, le brin de romarin et la cassonade.**

2 **Égrenez le raisin. Coupez les grains en deux. Faites fondre le beurre à feu doux dans une petite poêle, disposez-y les grains de raisin, remuez et retirez du feu avant que les grains ne s'écrasent, réservez dans une assiette.**

3 **Déglacez la poêle avec le vin restant, et faites réduire à feu vif. Versez sur les grains de raisin et accompagnez d'une quenelle de crème glacée au romarin. Décorez de feuilles de romarin.**

LES LIQUEURS DE PROVENCE

À l'abbaye d'Aiguebelle, les moines cisterciens ont inventé, affiné et perpétué différentes recettes de liqueurs de plantes et de fruits. Outre les liqueurs à base d'anis, d'absinthe, ou de fleur de thym, ils produisent la vermoise (armoise blanche, angélique, pamplemousse, orange amère, vanille, cannelle, clou de girofle, coriandre, fenouil, noix muscade et caroube) ou encore le figoun (vanille, angélique, figue, orange, mandarine rouge, armoise macérées dans du vin rouge).

Billes de pastèque au vin épicé

• *Préparation* ***10 min*** • *Cuisson* ***10 min*** • *Repos* ***1 h***
• *Pour* ***4 personnes***

Ingrédients

• 25 cl de vin rosé de Provence • 75 g de sucre en poudre • 1 gousse de vanille • 1/2 cuillerée à café de baies roses • 1/2 cuillerée à café de poivre de Sichuan • 3 étoiles de badiane • 3 clous de girofle • 2 bâtons de cannelle • 1 kg de pastèque sans pépins

1 **Faites chauffer le vin dans une casserole avec le sucre. Portez à ébullition et ajoutez la gousse de vanille fendue dans la longueur.**

2 **Baissez le feu, laissez chauffer pendant 5 min, éteignez le feu et ajoutez les baies roses, le poivre de Sichuan, la badiane, les clous de girofle et la cannelle. Couvrez, laissez infuser puis refroidir totalement.**

3 **Découpez des billes dans la pastèque avec une cuillère parisienne, disposez-les dans des coupes et nappez-les de sirop aux épices.**

Compotée d'abricots au romarin

• *Préparation* ***15 min*** • *Cuisson* ***20 min*** • *Pour* ***4 personnes***

Ingrédients

• 10 abricots frais • 75 g de miel de romarin • 1 brin de romarin frais • 8 brousses du Rove • 1 cuillerée à soupe d'huile d'olive • Amandes mondées grillées à sec

1 **Rincez les abricots, partagez-les en deux et retirez les noyaux. Mettez les oreillons d'abricots dans une casserole avec le miel et le romarin. Laissez compoter à feu doux pendant 20 min. Laissez refroidir et retirez le romarin.**

2 **Mélangez la brousse avec l'huile d'olive. Répartissez la brousse dans des coupelles et versez la compotée d'abricots. Servez frais avec les amandes.**

Tarte fine aux figues

• *Préparation* ***30 min*** • *Cuisson* ***20 min*** • *Repos* ***1 h***
• *Pour* ***4 personnes***

Ingrédients

Pour la pâte :
• 250 g de farine • 70 g de sucre glace • 125 g de beurre • 1 œuf • Sel

Pour la garniture :
• 12 figues mûres • 50 g de pignons de pin • 2 cuillerées à soupe de cassonade

1 Préparez la pâte : mélangez la farine, le sucre glace et 1 pincée de sel. Ajoutez le beurre coupé en dés, malaxez puis incorporez l'œuf et pétrissez pour obtenir une boule de pâte. Laissez-la reposer pendant 1 h au frais.

2 Étalez la pâte pour obtenir une abaisse très fine. Foncez un moule à tarte beurré, piquez le fond de tarte, disposez des haricots secs ou des noyaux de fruits par-dessus et faites cuire la pâte à blanc, au four préchauffé à 180 °C pendant 10 min. Retirez les haricots secs de la pâte.

3 Lavez les figues, taillez-les en quatre sans détacher complètement les quartiers. Disposez les figues ouvertes sur le fond de pâte.

4 Parsemez de pignons, saupoudrez de cassonade et faites cuire pendant encore 10 min. Laissez refroidir avant de servir.

CONSERVER LES FIGUES

Si la figue est souple au toucher, saine, charnue, avec une queue ferme, elle est assurément mûre, tendre et moelleuse. Si une goutte blanche perle à sa base, ce signe doit vous conforter sur sa fraîcheur. Cependant, elle ne se conserve pas au-delà de 24 h. En revanche, elle se prête à toutes sortes de préparations culinaires (tartes, clafoutis, gratins, pochée dans un vin liquoreux, rôtie au four avec une volaille…).

UN RÉVEILLON PROVENÇAL

En Provence, les fêtes de fin d'année sont non seulement sacrées, mais empreintes de coutumes ancestrales. Pas de bûche glacée, mais les boulangers mettent la main à la pâte pour les pains et surtout les desserts traditionnels.

L'usage veut que la table du réveillon soit recouverte de trois nappes de taille décroissante : elles représentent la Trinité (le Père, le Fils et le Saint-Esprit) et servent pour les trois repas des fêtes (dîner de Noël, réveillon et repas du 25 décembre). On en profite pour sortir le beau linge de maison et le tissu provençal hisse ses couleurs régionales. La table est éclairée par trois bougies et décorée de porte-bonheur : blé de la Sainte-Barbe (semé avant le 14 décembre), roses de Jéricho et branches de houx. Et on ajoute un couvert de plus que le nombre de convives : le couvert du pauvre.

LE PETIT SOUPER

À 19 heures, toute la famille est réunie pour le « petit souper » qui annonce la veillée. Au menu : bouillon de poule enrichi de grosses nouilles, morue poêlée aux oignons et aux olives, chapon (ou oie) farci de truffes ou de pruneaux, gratin de bettes, salade d'hiver aux petits croûtons aillés et tarte à la courge.

Selon la tradition, on conte la pastorale : l'histoire de la Nativité avec toutes les légendes du terroir. Le doyen de la soirée choisit la plus grosse bûche issue d'un arbre fruitier (amandier, cerisier ou olivier), toute l'assemblée fait trois fois le tour de la table, le plus jeune arrose la souche avec un rameau trempé dans du vin ou de l'huile d'olive, et l'aïeul psalmodie le « *bouta cacho-fio* » : « *A l'An qui vient, si li sian pas mal, qué i sieguen pas mén* » (Si l'An prochain, nous n'y sommes pas plus, que nous n'y soyons pas moins). Selon la flambée de la bûche, on en tire de bons ou de mauvais présages...

LE GROS SOUPER

À la sortie de la messe de minuit, des fougassettes niçoises (pain brioché tressé, et parfumé à la fleur d'oranger et au safran) sont distribuées.
En rentrant, on sert le gros souper, repas maigre mais émaillé de symboles : sept plats représentent les sept douleurs de la Vierge.

Après la soupe à la courge, on éteint la première bougie et on enlève une nappe en prenant soin de secouer les miettes sur la deuxième. Ensuite, on gobe des escargots cuits au court-bouillon et servis dans leur jus réduit, assaisonné à la tomate.

Du côté d'Arles, on les enlève de leur coquille pour les manger avec de l'aïoli. Vient le plat traditionnel : morue séchée, en brandade ou frite (*raïto*), suivie d'un mulet ou de muge aux olives et aux oignons frits, le tout accompagné des légumes traditionnels – chou-fleur, cardon, céleri, artichaut – arrosés d'huile d'olive, avec une sauce blanche ou une anchoiade. Pour finir, une salade aux petits croûtons aillés.

Les treize desserts

Avant de passer au dessert, il faut d'abord souffler la seconde bougie et enlever la deuxième nappe. Au nombre de treize (comme le nombre de convives lors du dernier repas du Christ), les desserts sont servis en même temps et chacun doit goûter à tout pour s'attirer la bonne fortune.

- **Les quatre fruits secs :** ils symbolisent par leur couleur les ordres monastiques des mendiants. Les noisettes ou les noix évoquent par leur couleur celle de la robe des Augustins, les figues sèches celle des Franciscains, les amandes celle des Carmes, les raisins secs celle des Dominicains.
- **La pompe à huile** (ou gibassié ou fougasse d'Arles), qu'il faut rompre comme le Christ a rompu le pain.
- **Le nougat blanc** aux noisettes, aux pignons et aux pistaches.
- **Le nougat noir** (à base de miel de Provence fondu et cuit avec des amandes).
- **Des fruits frais,** symboles de renaissance (en référence à une tradition païenne : la fête du solstice d'hiver, dernier rayon du soleil de l'été à l'entrée de l'hiver).
- Et, au choix : dattes (farcies ou non de pâte d'amande), calissons d'Aix, pâte de coing, raisin blanc, melon de Noël, oranges, fruits confits, croquants aux amandes, biscotins d'Aix, oreillettes, gâteaux aux pignons, papillotes…

Tarte tropézienne

• *Préparation* ***45 min*** • *Cuisson* ***30 min***
• *Repos* ***3 h 45*** • *Pour* ***8 personnes***

Ingrédients

Pour la brioche :
• 15 g de levure de boulanger • 400 g de farine • 10 g de sel • 30 g de sucre • 2 œufs + 1 jaune • 100 g de beurre • 50 g de sucre cristallisé

Pour la crème :
• 80 g de sucre en poudre • 3 jaunes d'œufs • 30 cl de crème épaisse • 1 sachet de sucre vanillé

1 Préparez le levain : délayez la levure dans 5 cuillerées à soupe d'eau tiède. Ajoutez 3 cuillerées à soupe de farine. Couvrez et laissez lever pendant 1 h.

2 Mélangez le reste de la farine avec le sel, le sucre, les 2 œufs entiers battus et le beurre ramolli. Malaxez, puis incorporez le levain. Pétrissez pendant 15 min et formez une boule souple. Laissez reposer pendant 2 h dans un endroit plutôt tiède.

3 Rompez la pâte, pétrissez-la de nouveau, étalez-la et déposez-la dans un moule à tarte beurré. Laissez lever pendant encore 45 min.

4 Dorez la brioche au jaune d'œuf, parsemez-la de grains de sucre et faites-la cuire au four préchauffé à 200 °C pendant 30 min. Laissez-la refroidir avant de la couper en deux dans l'épaisseur.

5 Préparez la crème : faites fondre le sucre dans 8 cl d'eau, laissez bouillir pendant 3 min. Dans une autre casserole, battez les jaunes d'œufs, versez le sirop en filet en remuant au fouet sur feu doux pendant 2 min. Puis retirez du feu et fouettez jusqu'à ce que cette mousse soit totalement refroidie.

6 Fouettez la crème en chantilly avec le sucre vanillé et incorporez-la aux jaunes mousseux. Fouettez pour obtenir une crème ferme et étalez-la sur le fond de brioche. Recouvrez de l'autre moitié de brioche. Réservez au frais avant de servir.

Glace à la lavande

• *Préparation* ***15 min*** • *Cuisson* ***10 min***
• *Turbinage* ***45 min*** • *Pour* ***4 personnes***

Ingrédients

• 30 cl de lait entier • 30 cl de crème fleurette • 2 cuillerées à soupe de fleurs de lavande fraîches • 100 g de sucre en poudre • 4 jaunes d'œufs • 1 cuillerée à soupe de miel de lavande

1 **Faites bouillir le lait et la crème dans une casserole, puis retirez-la du feu. Ajoutez les fleurs de lavande, couvrez et laissez infuser. Filtrez pour enlever la lavande.**

2 **Fouettez le sucre avec les jaunes d'œufs et ajoutez le miel, puis versez dans le lait infusé et encore chaud.**

3 **Faites chauffer à feu doux, sans laisser bouillir, en remuant sans cesse, jusqu'à ce que la préparation épaississe.**

4 **Retirez du feu et laissez refroidir avant de laisser turbiner dans une sorbetière pendant 45 min. Servez aussitôt ou placez au congélateur.**

LAVANDE ET LAVANDIN

La lavande est souvent confondue avec le lavandin, une autre variété hybride, croisement entre la lavande et l'aspic. Stérile, le lavandin ne se reproduit que par bouture alors que la lavande est une espèce originelle. Elle seule peut se trouver à l'état sauvage, mais elle est aussi cultivée. On reconnaît la lavande à sa courte tige (30 à 40 cm) et à son petit épi de fleurs, couleur « lavande ». La tige du lavandin est plus longue (60 à 80 cm), son épi est plus gros, plus pointu, et sa couleur est franchement violette.

Biscuits à l'anis

• *Préparation* **15 min** • *Cuisson* **de 10 à 15 min** • *Repos* **1 h**
• *Pour* **20 à 25 biscuits**

Ingrédients

• 60 g de beurre • 200 g de farine + supplément pour la plaque • 1 cuillerée à café de levure • 80 g de sucre en poudre • 2 cuillerées à soupe de graines d'anis doux • 3 œufs • 1 cuillerée à soupe d'anisette • Le zeste de 1 citron • Sel

1 Faites fondre le beurre. Mélangez la farine, la levure, 1 pincée de sel, le sucre, les graines d'anis et les œufs entiers. Remuez, puis incorporez le beurre fondu et l'anisette. Ajoutez le zeste du citron ciselé. Travaillez la pâte et laissez-la reposer au frais pendant 1 h.

2 Modelez des boulettes de pâte, farinez-les et disposez-les sur une plaque tapissée de papier sulfurisé, en les espaçant pour leur permettre de s'étaler.

3 Faites cuire au four préchauffé à 180 °C de 10 à 15 min : les biscuits ne doivent pas trop se colorer. Laissez refroidir et durcir très légèrement avant de déguster.

DOUCEURS GLACÉES

Toutes les plantes de Provence (romarin, thym, lavande, basilic, coriandre, verveine...) infusées dans une crème lactée permettent de réaliser des glaces. Pensez aux fruits frais (abricot, melon, courge muscade, figue, pêche, arbouse...) mais aussi au cédrat, aux coing ou aux fruits confits. Les spécialités de la confiserie se déclinent aussi : nougat, calissons, berlingots...

Crème glacée au romarin

• *Préparation* **30 min** • *Cuisson* **10 min** • *Turbinage* **45 min**
• *Pour* **4 personnes**

Ingrédients

• 40 cl de lait • 2 branches de romarin frais • 2 jaunes d'œufs • 50 g de sucre en poudre roux • 10 cl de crème fleurette

1 Faites bouillir le lait, puis retirez-le du feu. Ajoutez les brins de romarin, couvrez et laissez infuser pendant 20 min.

2 Fouettez les jaunes d'œufs avec le sucre. Ajoutez la crème fraîche et le lait filtré. Remettez le tout à chauffer sur feu doux, sans cesser de remuer avec une spatule en bois jusqu'à ce que le mélange épaississe et nappe la cuillère.

3 Laissez refroidir avant de verser dans la sorbetière et de faire turbiner pendant 45 min.

Tarte arlésienne

• *Préparation* **25 min** • *Cuisson* **30 min** • *Repos* **30 min**
• *Pour* **6 personnes**

Ingrédients

Pour la pâte :
• 200 g de farine • 80 g de sucre en poudre • 20 g de noisettes en poudre • 100 g de beurre • 1 œuf • Sel

Pour la garniture :
• 1 kg d'abricots • 3 œufs • 20 cl de crème épaisse • 100 g de sucre en poudre • 2 sachets de sucre vanillé • 100 g d'amandes en poudre • Le zeste de 1 orange non traitée• 40 g d'amandes effilées • Sucre glace

1 Préparez la pâte : mélangez la farine, le sucre, la poudre de noisettes et 1 pincée de sel. Ajoutez le beurre coupé en dés, malaxez, puis incorporez l'œuf. Pétrissez la pâte, formez une boule et laissez reposer pendant 30 min au frais.

2 Étalez la pâte, déposez-la dans un moule à tarte et piquez le fond pour éviter qu'elle ne gonfle.

3 Lavez les abricots, essuyez-les, coupez-les en deux, dénoyautez-les, et disposez les oreillons en rosace sur la pâte.

4 Battez les œufs avec la crème, les sucres, les amandes en poudre et le zeste de l'orange. Versez sur le fond de tarte, parsemez d'amandes effilées et faites cuire au four préchauffé à 180 °C pendant 30 min.

5 Servez la tarte tiède ou froide, saupoudrée de sucre glace.

LES AMANDES

On distingue les amandes douces, consommables, et les amandes amères, toxiques. Les douces peuvent être consommées fraîches ou séchées. Les amandes séchées et protégées par leur coquille peuvent être stockées sans se détériorer. Dès le mois de juin, les amandes peuvent être consommées fraîches à partir du moment où les graines sont formées. Mais les amandes sont plutôt commercialisées sèches. Dépourvues de leur coque, elles sont souvent mondées (pelées), effilées ou réduites en poudre pour être utilisées dans de nombreuses recettes, sucrées ou salées.

Tarte à la courge muscade

• *Préparation* ***30 min*** • *Cuisson* ***50 min*** • *Repos* ***1 h***
• *Pour* ***8 personnes***

Ingrédients

Pour la brioche :
• 250 g de farine • 125 g de beurre salé • Sel

Pour la garniture :
• 600 g de courge muscade • 5 cl d'huile d'olive • 100 g de cassonade + 2 cuillerées à soupe • Le jus de 1 orange • 2 œufs • 30 g de sucre en poudre • 20 cl de crème fraîche • 1 cuillerée à café de cannelle • 1 pincée de noix muscade

1 **Préparez la pâte : mélangez la farine et 1 pincée de sel. Ajoutez le beurre coupé en dés. Malaxez en incorporant 5 cl d'eau. Pétrissez pour former une boule homogène. Laissez reposer pendant 1 h au frais.**

2 **Lavez la courge muscade, pelez-la, épépinez-la et coupez-la en morceaux. Faites étuver les morceaux dans un faitout avec l'huile d'olive, la cassonade et le jus d'orange. Couvrez et laissez cuire pendant 20 min. Laissez refroidir quelques instants et mixez.**

3 **Fouettez les œufs avec le sucre, faites mousser, ajoutez la crème, la cannelle et la noix muscade. Incorporez la purée de courge.**

4 **Étalez la pâte et déposez-la dans un moule à tarte huilé. Piquez le fond de pâte avec une fourchette et versez la préparation à la courge par-dessus. Saupoudrez de cassonade et faites cuire au four préchauffé à 210 °C pendant 30 min.**

5 **Laissez refroidir pendant quelques minutes avant de servir.**

LA COURGE MUSCADE

La courge muscade, ou « musquée de Provence » est une variété très utilisée dans la France méridionale. Le fruit, très gros, côtelé, s'apparente au potiron ; la peau, presque cirée, est de couleur bronze. La chair épaisse, orange vif, est sucrée, ferme et parfumée (au goût de muscade). Elle est de très bonne qualité et se conserve facilement tout l'hiver. Elle s'utilise en purée, en potage, en gratin, en dessert ou en confiture.

Biscotins d'Aix

• *Préparation* ***20 min*** • *Cuisson* ***15 min*** • *Pour* ***12 biscotins***

Ingrédients

• 250 g de sucre en poudre • 375 g de farine • 2 cuillerées à soupe d'eau de fleur d'oranger • Noisettes décortiquées et grillées • 1 noix de beurre

1 Préparez un sirop en faisant fondre le sucre dans 3 cl d'eau. Mettez la farine dans une terrine. Formez un puits au centre et versez-y le sirop. Ajoutez l'eau de fleur d'oranger et pétrissez.

2 Modelez des boulettes de la taille d'une noix et insérez 1 noisette dans chaque boulette.

3 Déposez-les sur une plaque préalablement beurrée. Vaporisez-les avec un peu d'eau et faites-les cuire au four préchauffé à 180 °C pendant 15 min.

4 Dégustez ces biscuits chauds ou froids.

Figues rôties au miel

• *Préparation* ***20 min*** • *Cuisson* ***5 min*** • *Pour* ***4 personnes***

Ingrédients

• 16 figues • 150 g de beurre • 6 cuillerées à soupe de miel de lavande
• 1 cuillerée à soupe de noisettes concassées

1 Lavez les figues et essuyez-les. Coupez-les en quatre sans détacher complètement les quartiers.

2 Dans un saladier, travaillez le beurre en pommade. Ajoutez le miel et mélangez.

3 Mettez les figues dans un plat à gratin. Nappez-les du mélange miel et beurre. Faites cuire au four préchauffé à 210 °C pendant 5 min.

4 Déposez les figues dans des assiettes et parsemez-les de noisettes concassées. Servez aussitôt.

Cake aux fruits confits

• *Préparation* ***25 min*** • *Cuisson* ***45 min***
• *Pour* ***8 personnes***

Ingrédients

• 100 g de fruits confits • 100 g de raisins secs • 20 cl de rhum • 150 g de beurre ramolli + 1 noix pour le moule • 125 g de sucre en poudre • 3 œufs • 5 cl d'huile d'olive • 250 g de farine • 1/2 sachet de levure chimique • Sel

1 **Coupez les fruits confits en petits morceaux et faites-les macérer dans le rhum avec les raisins secs.**

2 **Travaillez le beurre en pommade avec le sucre. Incorporez les œufs un à un, battez et ajoutez l'huile d'olive. Versez la farine d'un seul coup, ajoutez la levure et 1 pincée de sel, mélangez. Ajoutez les fruits confits et les raisins marinés au rhum.**

3 **Répartissez la pâte dans un moule à cake beurré et faites cuire au four préchauffé à 210 °C pendant 10 min, puis baissez la température à 150 °C et poursuivez la cuisson pendant 35 min.**

4 **Démoulez à la sortie du four et laissez refroidir sur une grille.**

LES FRUITS CONFITS D'APT

L'histoire des fruits confits d'Apt et du Vaucluse remonte à l'époque des papes en Avignon, aux alentours du XIVᵉ siècle. Mais c'est bien plus tard que cet artisanat prit son essor et ce, grâce aux Anglais, grands amateurs de ces friandises : ils firent très vite la renommée de ces fruits confits délicieux, qu'il s'agisse de clémentines, de cerises Napoléon, d'abricots, de figues, de poires bianchetti ou de prunes.

Mendiants

• *Préparation* ***10 min*** • *Cuisson* ***5 min***
• *Repos* ***3 h*** • *Pour* ***20 mendiants***

Ingrédients

• 200 g de chocolat noir à 70 % de cacao • 20 amandes • 2 cuillerées à soupe de raisins secs • 20 noisettes entières mondées • 20 écorces d'oranges confites • 20 cerneaux de noix

1 **Faites fondre le chocolat au bain-marie.**

2 **Déposez, sur une plaque tapissée de papier sulfurisé, de petits tas de chocolat fondu et étalez-les en palets à l'aide d'une cuillère.**

3 **Disposez 1 amande, 2 ou 3 raisins, 1 noisette, 1 écorce d'orange et 1 cerneau de noix sur chaque palet de chocolat.**

4 **Laissez prendre pendant 3 h au frais avant de servir.**

LES QUATRE MENDIANTS

Parmi les treize desserts de Noël traditionnels en Provence figurent quatre fruits secs : noisettes ou noix, amandes, figues sèches et raisins secs. On les appelle « mendiants » à cause de leur couleur, évoquant celle des habits des ordres mendiants (Augustins, Carmes, Franciscains et Dominicains).

LA CHANDELEUR EN PROVENCE

À Marseille, à la Chandeleur, on ne déguste pas des crêpes mais des navettes. Traditionnellement elles étaient fabriquées près de l'abbaye Saint-Victor à Marseille, où l'on bénissait des cierges verts le jour de la Chandeleur. En forme de barque, les navettes rappelleraient l'accostage sur les rivages des Saintes-Maries-de-la-Mer des saintes Marie : Marie Madeleine, Marie Jacobé, et Marie Salomé, accompagnées de saint Lazare, sainte Marthe et Sarah.

Navettes de la Saint-Victor

• *Préparation* ***15 min*** • *Cuisson* ***20 min*** • *Repos* ***3 h***
• *Pour* ***25 navettes***

Ingrédients

• 500 g de farine • 250 g de sucre • 3 œufs entiers • 5 cl d'eau de fleur d'oranger • 50 g de beurre • 1 jaune d'œuf • 1 cuillerée à café de lait • Sel

1 **Mélangez la farine, le sucre et 1 pincée de sel. Ajoutez les œufs au milieu, puis l'eau de fleur d'oranger et le beurre en pommade et versez peu à peu 5 cl d'eau pour obtenir une boule de pâte. Laissez-la reposer au frais pendant 1 h.**

2 **Divisez la pâte en petites boules de 50 g environ, roulez-les pour obtenir une forme ovale d'environ 7 cm et pincez les deux extrémités. Avec un couteau, incisez le dessus de chaque navette dans le sens de la longueur. Déposez-les sur la plaque du four beurrée et laissez reposer encore pendant 2 h.**

3 **Battez le jaune d'œuf avec le lait et badigeonnez au pinceau les navettes pour les dorer.**

4 **Faites cuire au four préchauffé à 180 °C pendant 20 min : les navettes doivent légèrement colorer.**

Panna cotta aux berlingots

• *Préparation* ***15 min*** • *Cuisson* ***10 min*** • *Repos* ***2 h***
• *Pour* ***6 personnes***

Ingrédients

• 10 berlingots • 2 feuilles de gélatine • 40 cl de crème fleurette • Framboises

1 **Concassez les berlingots. Réservez quelques brisures pour la décoration. Plongez les feuilles de gélatine dans un bol d'eau froide.**

2 **Faites chauffer la crème à feu doux, ajoutez les brisures de berlingots et remuez pour les faire fondre, puis ajoutez les feuilles de gélatine ramollies. Mélangez pour les dissoudre complètement et remplissez des ramequins de cette préparation. Laissez refroidir et réservez au frais pendant 2 h.**

3 **Servez les panna cotta décorées de brisures de berlingots et de framboises entières.**

SOUVENIR DE CARPENTRAS

À partir de 1851, le berlingot fit fureur sur les marchés de Carpentras. Un confiseur ajouta du sucre au sirop restant de ses confitures et obtint une pâte ambrée qu'il parfuma à la menthe, au citron, à l'anis ou à l'orange. Il malaxa, fit une pâte blanche qu'il étira sur la précédente : le berlingot strié de blanc se distingua à l'Exposition internationale de Paris en 1874.

Pêches à la lavande

• *Préparation* ***15 min*** • *Cuisson* ***10 min*** • *Repos* ***2 h***
• *Pour* ***4 personnes***

Ingrédients

• 15 cl de muscat • 3 cuillerées à soupe de fleurs de lavande • 4 pêches de vigne bien mûres • 3 cuillerées à soupe de sucre en poudre • 5 cl de jus d'orange • 25 cl de glace à la lavande (facultatif)

1 **Faites chauffer le muscat avec 2 cuillerées à soupe de fleurs de lavande, retirez du feu avant l'ébullition et laissez macérer pendant 10 min.**

2 **Lavez les pêches et coupez-les en tranches fines.**

3 **Filtrez l'infusion à la lavande et remettez-la à chauffer avec le sucre et le jus d'orange. Faites réduire en sirop, puis laissez refroidir.**

4 **Disposez les tranches de pêches dans les assiettes, ajoutez, éventuellement, 1 quenelle de glace à la lavande, nappez de sirop et parsemez du reste de fleurs de lavande.**

Croquants aux amandes

• *Préparation* ***10 min*** • *Cuisson* ***25 min*** • *Pour* ***4 personnes***

Ingrédients

• 200 g de farine • 100 g de sucre • 2 œufs • 2 cuillerées à soupe d'eau de fleur d'oranger • 100 g d'amandes décortiquées • Sel

1 **Mélangez la farine, le sucre et 1 pincée de sel. Ajoutez au milieu les œufs entiers, l'eau de fleur d'oranger et les amandes.**

2 **Modelez des boudins de pâte de 5 cm de diamètre et d'environ 20 cm de longueur. Déposez-les sur la plaque du four tapissée de papier sulfurisé.**

3 **Faites cuire au four préchauffé à 180 °C pendant 25 min et, à la sortie du four, découpez des tranches épaisses (n'attendez pas que les pâtons refroidissent, car le biscuit durcit et risquerait de se casser). Conservez les biscuits dans une boîte en fer.**

Pompe à huile

• *Préparation* ***15 min*** • *Cuisson* ***de 15 à 20 min***
• *Repos* ***3 h 30*** • *Pour* ***4 personnes***

Ingrédients

• 10 g de levure • 250 g de farine • 75 g de sucre • 12 cl d'huile d'olive + supplément pour la plaque • 12 cl d'eau de fleur d'oranger • Sel

1 **Délayez la levure dans 10 cl d'eau légèrement tiédie, couvrez et laissez lever.**

2 **Mélangez la farine, le sucre et 1 pincée de sel. Ajoutez l'huile d'olive, l'eau de fleur d'oranger et le levain. Pétrissez et laissez lever pendant 3 h à température ambiante.**

3 **Étalez la pâte sur une plaque huilée pour obtenir une galette de 1 cm d'épaisseur et, à l'aide d'un couteau, entaillez-la pour avoir une galette ajourée. Laissez lever pendant encore 30 min dans un endroit chaud et à l'abri des courants d'air.**

4 **Faites cuire la pompe au four préchauffé à 200 °C, de 15 à 20 min. À la sortie du four, badigeonnez-la d'huile d'olive. Laissez refroidir avant de déguster.**

LA PÂTISSERIE VILLARET

Cette boulangerie est une véritable institution à Nîmes ! Les croquants Villaret, du nom de l'inventeur dont le portrait trône toujours sur le mur de la boutique, sont la spécialité de la maison. Leur recette est tenue secrète : le plus surprenant dans ce biscuit long et doré est sa consistance, il est si dur qu'il est impossible de le croquer sans l'amadouer ! Toutes les gourmandises provençales de cette maison sont préparées à partir de produits locaux.

Glace aux calissons

- *Préparation* **20 min** • *Cuisson* **30 min** • *Turbinage* **45 min**
- *Pour* **6 personnes**

Ingrédients

• 30 cl de lait entier • 30 cl de crème fleurette • 4 jaunes d'œufs • 50 g de sucre en poudre • 15 calissons • Quelques gouttes d'extrait d'amande • 30 g d'amandes en poudre

1 **Faites bouillir le lait et la crème dans une casserole puis retirez-la du feu.**

2 **Fouettez les jaunes d'œufs avec le sucre, versez sur le mélange lait/crème et remettez à chauffer à feu doux en remuant avec une spatule en bois jusqu'à ce que la crème épaississe, sans laisser bouillir.**

3 **Ajoutez les calissons coupés en petits morceaux, l'extrait d'amande et les amandes en poudre.**

4 **Mélangez et laissez refroidir avant de faire turbiner dans une sorbetière pendant 45 min.**

5 **Servez la glace surmontée, éventuellement, d'un demi-calisson planté au centre.**

LE CALISSON D'AIX

Les premières manufactures de calissons à Aix-en-Provence datent de la fin du XIXe siècle. Cette tradition aixoise perdure : la fabrication du calisson a conservé son caractère artisanal et s'effectue en deux étapes, d'abord préparation de la pâte, puis dressage des calissons. Les amandes sont mondées, puis broyées avec des melons et des oranges confits. On ajoute un sirop de fruits. Le calisson est nappé d'un glaçage royal et posé sur une feuille de pain azyme.

LES VINS DE PROVENCE

La vigne aurait été introduite en Provence au début du VIe siècle av. J.-C. ! La région s'enorgueillit aujourd'hui de pas moins de dix appellations d'origine contrôlée. Chaque appellation produit les trois couleurs de vins.

Les appellations qui bénéficient d'une AOC en Provence sont les suivantes : Coteaux d'Aix-en-Provence, Coteaux des Baux, Vignoble de Cassis, Vignoble de Bandol, Côtes de Provence, Coteaux Varois, Côtes du Luberon, Côtes du Ventoux, Côtes du Rhône, Vignoble de Bellet. On décèle quelques excellents cépages, parmi lesquels le cinsault, le mourvèdre, le grenache, le tibouren, la syrah, le cabernet-sauvignon pour les rouges et les rosés ; la clairette, l'ugni blanc, le rolle et le sémillon pour les blancs.

LE BANDOL

Avec un ensoleillement idéal et une pluviométrie très mesurée, le Bandol bénéficie d'un terroir d'exception, qui produit des vins renommés depuis près de mille ans ! Les vins blancs, de robe jaune paille clair, bien que fruités et fleuris ne représentent que 5 % de la production. Les rosés, très pâles de teinte, sont connus pour leur saveur délicate. Mais ce sont surtout les rouges qui sont à l'honneur : robe grenat foncé, plutôt tanniques et parfois rudes s'ils sont encore jeunes, ils développent en vieillissant un bouquet subtil de fruits rouges, de réglisse, de vanille, légèrement poivré. Ils accompagnent avec délices gibiers et viandes rouges en sauce.

LES CÔTES DE PROVENCE

Cette célèbre appellation s'étend sur un territoire tellement important (18 000 ha de vignes) qu'on ne peut pas parler de « Côte » mais de « Côtes » de Provence. Les conditions climatiques y sont plutôt variées : ensoleillement et pluies modérées aux abords de la Méditerranée, avec des hivers doux et des chaleurs d'été supportables, alors que les terroirs de l'intérieur du pays gèlent l'hiver et connaissent des étés caniculaires. Les vins blancs, tendres quand ils viennent du littoral, plus forts lorsqu'ils sont originaires des collines, accompagnent les fruits de mer et les fromages de chèvre (banon, pélardon).

Le vin cuit

Derrière cette diversité régionale, se maintient également la tradition du vin cuit, originaire de la région d'Aix-en-Provence. Après pressage du raisin, le moût est cuit dans un chaudron jusqu'à évaporation et concentration des jus. L'écume qui se forme à la surface est enlevée au fur et à mesure pour ne pas laisser d'amertume au vin cuit. Après refroidissement, les jus sont stockés en cuve pour une période de fermentation de 3 mois. Ensuite, le vin cuit est mis en barrique pour un élevage de 12 mois. Ce vin affiche 15° d'alcool, sa teneur en sucre en fait un vin doux et léger. Les chefs l'utilisent pour déglacer, mais il se tient à table aussi bien à l'apéritif qu'au dessert !

Brioche des rois

• *Préparation* ***45 min*** • *Cuisson* ***de 25 à 30 min***
• *Repos* ***3 h*** • *Pour* ***6 personnes***

Ingrédients

• 10 g de levure de boulanger • 3 cuillerées à soupe de lait + supplément pour la couronne • 250 g de farine • 2 cuillerées à soupe de sucre en poudre • 2 sachets de sucre vanillé • 2 œufs • 3 cuillerées à soupe d'eau de fleur d'oranger • 100 g de beurre • 1 santon • 1 fève • 50 g de fruits confits • Sucre en grains pour la décoration • Sel

1 **Délayez la levure dans le lait tiède. Ajoutez 2 cuillerées à soupe de farine, couvrez et laissez lever, à l'abri des courants d'air.**

2 **Mélangez le reste de farine avec 1 pincée de sel, les sucres et les œufs. Ajoutez l'eau de fleur d'oranger, le beurre coupé en dés et le levain. Pétrissez et laissez la pâte reposer pendant 1 h 30, sous un torchon, à température ambiante.**

3 **Fendez la pâte et abaissez-la. Pétrissez encore pendant quelques minutes, puis insérez le santon et la fève. Faites un trou au milieu de la pâte en l'étirant pour obtenir une couronne et déposez-la sur une plaque tapissée de papier sulfurisé. Laissez de nouveau lever pendant 1 h.**

4 **Badigeonnez la couronne de lait avec un pinceau, ornez-la de fruits confits et parsemez-la de grains de sucre. Faites cuire au four préchauffé à 180 °C de 25 à 30 min. Démoulez et laissez refroidir avant de déguster.**

LA GALETTE PROVENÇALE

En Provence, on déguste à l'Épiphanie une couronne fourrée de fruits confits. À l'intérieur sont disposés un santon et une fève. La galette est découpée en autant de parts qu'il y a de convives, plus une part pour l'étranger : la « part du Bon Dieu ». La tradition veut que le plus jeune de l'assemblée se cache sous la table et désigne les invités au hasard des parts. Celui qui trouve la fève est proclamé roi (ou reine), celui qui a le santon est son sujet.

Crêpes à la châtaigne

• *Préparation* **50 min** • *Cuisson* **50 min**
• *Repos* **1 h** • *Pour* **6 personnes**

Ingrédients

Pour la pâte à crêpes :
• 100 g de farine de blé • 90 g de farine de châtaignes
• 1 sachet de sucre vanillé • 3 œufs • 35 cl de lait
• 2 cuillerées à soupe d'huile de pépins de raisin • Sel

Pour la crème de châtaignes :
• 500 g de châtaignes • 180 g de sucre en poudre
• 3 cuillerées à soupe de miel • 1 gousse de vanille
• 30 cl d'eau

1 Préparez la pâte : mélangez les deux farines, le sucre vanillé et 1 pincée de sel. Ajoutez au centre les œufs, un à un, incorporez peu à peu le lait puis l'huile de pépins de raisin. Laissez reposer pendant 1 h à température ambiante.

2 Pour la crème, retirez l'écorce des châtaignes. Mettez-les dans une casserole, couvrez d'eau froide, portez à ébullition et laissez frémir pendant quelques minutes. Égouttez les châtaignes et retirez la petite peau qui les recouvre.

3 Faites chauffer 30 cl d'eau avec le sucre et le miel, ajoutez la gousse de vanille fendue dans le sens de la longueur, les châtaignes épluchées et laissez cuire pendant 30 min.

4 Retirez la vanille et mixez pour obtenir une crème lisse. Laissez refroidir et réservez au frais. Faites cuire les crêpes dans une poêle huilée, et nappez-les de crème de châtaignes. Roulez-les et servez-les sans attendre.

LA CHÂTAIGNE

La châtaigne peut être utilisée fraîche, grillée ou bouillie. On la ramasse en automne, mais elle se conserve difficilement au-delà de Noël. On peut en faire de la farine, à condition de la mélanger avec une autre farine (blé, seigle ou orge), parce qu'elle ne lève pas. Ce mélange se prête très bien à la confection de galettes, de gaufres, de crêpes et de beignets. En Haute-Provence est organisée chaque année à l'automne la fête de la châtaigne pour valoriser ce produit du terroir.

Chichi-fregi

• *Préparation* ***15 min*** • *Cuisson* ***5 min (par beignet)***
• *Repos* ***1 h 30*** • *Pour* ***4 personnes***

Ingrédients

• 10 g de levure de boulanger • 500 g de farine • 1 cuillerée à soupe de sucre en poudre + supplément pour recouvrir les beignets • 2 œufs • 5 cl d'huile d'olive • 1 cuillerée à soupe d'eau de fleur d'oranger • Huile de friture • Sel

1 Délayez la levure dans 15 cl d'eau tiède. Mélangez la farine, le sucre en poudre et 1 pincée de sel. Ajoutez les œufs, l'huile d'olive, l'eau de fleur d'oranger et la levure délayée. Pétrissez, puis laissez lever la pâte couverte d'un torchon pendant 1 h 30 dans un endroit chaud.

2 Étalez la pâte jusqu'à obtenir une abaisse de 5 mm, puis découpez-y des morceaux allongés et roulez-les en boudins.

3 Faites-les dorer par poignées pendant quelques minutes dans l'huile bouillante, en les retournant à mi-cuisson.

4 Égouttez les chichi-fregi sur du papier absorbant et roulez-les dans du sucre en poudre tant qu'ils sont chauds. Servez aussitôt.

Vin d'orange

• *Préparation* ***15 min*** • *Repos* ***45 jours*** • *Pour* ***3 litres***

Ingrédients

• 2,5 l de vin rosé (Côtes de Provence) • 50 cl d'alcool blanc à 40°
• 3 oranges non traitées • 500 g de sucre cristallisé • 1 gousse de vanille
• 1 bâton de cannelle

1 Versez le vin et l'alcool blanc dans un grand bocal. Prélevez les zestes et le jus des oranges, ajoutez-les dans le bocal, avec le sucre et les épices.

2 Fermez le bocal et laissez macérer pendant 45 jours dans un endroit frais et à l'abri de la lumière, en remuant plusieurs fois par semaine.

3 Filtrez et mettez le vin obtenu en bouteilles. Servez très frais.

COLETTE ET LE VIN D'ORANGE

Voici la recette du vin d'orange telle que Colette la décrit dans Prisons et Paradis, *publié en 1932 : « Dans quatre litres de vin de Cavalaire, sec, jaune, je versai un litre d'armagnac fort honnête, et mes amis de se récrier : "Quel massacre ! Une eau de vie de si bon goût ! La sacrifier à un ratafia imbuvable ! " Au milieu des cris, je coupai, je noyai quatre oranges coupées en lames, un citron qui pendait, le moment d'avant, au bout de sa branche, un bâton de vanille argenté comme un vieillard, six cents grammes de sucre de canne. Un bocal ventru, bouché de liège et de linge, se chargea de la macération, qui dura cinquante jours ; je n'eus plus qu'à filtrer et mettre en bouteilles. »*

Confiture de tomates vertes

• *Préparation* ***20 min*** • *Cuisson 45* ***min*** • *Repos* ***12 h***
• *Pour* ***4 pots***

Ingrédients

• 2 kg de tomates vertes • 1 orange non traitée • 1 citron non traité • 700 g de sucre cristallisé

1 Lavez les tomates, essuyez-les, épépinez-les et coupez-les en dés. Mettez-les dans une grande casserole. Lavez et essuyez les agrumes. Découpez-les en rondelles et ajoutez-les aux tomates. Couvrez avec un torchon et laissez macérer pendant 12 h.

2 Videz le jus rendu par les tomates, ajoutez le sucre cristallisé. Portez à ébullition dans une casserole et laissez cuire pendant 15 min à feu vif, en remuant souvent. Baissez le feu et laissez cuire pendant encore 30 min. Écumez régulièrement.

3 Lorsque la consistance devient plus épaisse, remplissez des pots de confiture. Vissez les couvercles des pots et retournez ceux-ci aussitôt. Laissez refroidir ainsi pendant 24 h. Rangez les pots à l'abri de la lumière, de la chaleur et de l'humidité.

Fruits d'été à la verveine

• *Préparation* ***20 min*** • *Cuisson* ***10 min***
• *Pour* ***4 personnes***

Ingrédients

• 3 tiges de verveine fraîche + 4 feuilles • 2 gousses de cardamome • 50 g de sucre • 4 nectarines • 4 abricots • 20 cerises • 10 fraises • 1 melon • 1 citron • 15 cl de crème fleurette

1 Portez à ébullition 15 cl d'eau. Hors du feu, plongez-y les 3 tiges de verveine, les graines des 2 gousses de cardamome et le sucre. Laissez infuser pendant 10 min. Filtrez et portez à ébullition pour faire réduire le sirop, puis laissez refroidir.

2 Lavez les fruits. Coupez les nectarines et les abricots en dés. Équeutez les cerises. Coupez les fraises en deux. Coupez le melon et prélevez des billes de chair à l'aide d'une cuillère parisienne. Pressez le citron et versez le jus sur les fruits coupés.

3 Répartissez les morceaux de fruits dans des verrines, arrosez de sirop à la verveine (réservez-en 3 cuillerées à soupe) et réservez au frais.

4 Versez dans un siphon le reste de sirop, ajoutez la crème fleurette et montez une chantilly. Surmontez la salade de fruits de chantilly et décorez-la de feuilles de verveine ciselée.

UNE CERISE HAUT DE GAMME

La cerise des monts de Venasque est la première marque française de cerise haut de gamme. Les producteurs veillent à ce que le calibre moyen minimum soit de 24 mm (soit 4 mm de plus que la norme standard pour la cerise extra) et exigent qu'elle soit sur les étals dès le lendemain de la cueillette. Les vergers de cerisiers des monts de Venasque, sur les coteaux bien exposés des contreforts du mont Ventoux et des monts de Vaucluse, sont abrités du mistral tout en étant ensoleillés plus de trois cents jours par an, ce qui assure le développement et la qualité constante des fruits.

Crème brûlée à la papaline

• *Préparation* ***15 min*** • *Cuisson* ***1 h***
• *Repos* ***2 h*** • *Pour* ***4 personnes***

Ingrédients

• 70 g de papalines • 50 cl de crème fleurette • 5 jaunes d'œufs • 75 g de sucre en poudre • 50 g de cassonade

1 **Faites fondre les papalines au bain-marie dans 25 cl de crème fleurette. Laissez refroidir.**

2 **Fouettez les jaunes d'œufs avec le sucre jusqu'à ce que le mélange devienne mousseux, ajoutez le reste de crème fleurette et fouettez. Mélangez avec la crème parfumée aux papalines.**

3 **Répartissez la préparation dans des ramequins en terre cuite et faites cuire au four préchauffé à 100 °C pendant 1 h.**

4 **Laissez refroidir à température ambiante, puis laissez prendre au frais pendant 2 h.**

5 **Au moment de servir, saupoudrez de cassonade et caramélisez avec un chalumeau de cuisine ou passez les crèmes sous le gril du four très chaud.**

LA PAPALINE D'AVIGNON

La papaline est une confiserie au chocolat inscrite a l'inventaire du Patrimoine national des spécialités françaises. Elle fut créée en 1960 par les maîtres pâtissiers du Vaucluse, qui voulaient offrir au département une spécialité à base de produits du terroir. Cette friandise, ainsi nommée en souvenir de l'époque où les papes vivaient à Avignon, ressemble à un chardon rose formé de deux couches fines de chocolat qui, sitôt croqué, libère la liqueur nommée « L'origan du comtat ».

Petits moelleux au nougat

• *Préparation* ***20 min*** • *Cuisson* ***20 min*** • *Pour* ***10 moelleux***

Ingrédients

• 100 g de nougat de Montélimar • 80 g de beurre • 2 œufs • 50 g de cassonade • 150 g de farine • 1 sachet de levure • 10 cl de lait • Sel

1 **Cassez le nougat en petits morceaux et réservez-en quelques-uns pour la décoration. Faites fondre le beurre.**

2 **Dans un saladier, fouettez les œufs avec le sucre pour que le mélange mousse. Ajoutez la farine, la levure et 1 pincée de sel. Mélangez, puis versez le lait et le beurre fondu. Incorporez les petits morceaux de nougat.**

3 **Répartissez la pâte dans des moules à muffins en les remplissant aux trois quarts (ils vont gonfler en cuisant) et disposez 2 ou 3 morceaux de nougat par-dessus.**

4 **Faites cuire au four préchauffé à 180 °C pendant 20 min. Attendez 5 min avant de démouler les petits moelleux et laissez refroidir sur une grille.**

LE NOUGAT DE MONTÉLIMAR

L'appellation **nougat de Montélimar** *est réservée au nougat contenant au moins 30 % d'amandes, 2 % de pistaches et 25 % de miel. Pour préparer cette friandise célèbre, on fait fondre du miel et du sucre, on les cuit et on les malaxe, puis on ajoute des blancs d'œufs montés en neige. De la vanille, des amandes et des pistaches sont incorporées en fin de cuisson. Cette pâte est ensuite coulée dans des moules tapissés de pain azyme. Après le démoulage, le nougat est découpé sous différentes formes (blocs, barres, dominos...).*

Sorbet au melon

• *Préparation* **15 min** • *Cuisson* **5 min** • *Turbinage* **40 min**
• *Pour* **6 personnes**

Ingrédients

• 2 melons • Le jus de 1 citron • 80 g de sucre • 3 cuillerées à soupe d'amaretto • 40 g d'amandes effilées

1 Coupez les melons en deux, éliminez les graines et taillez-les en quartiers pour retirer la peau. Coupez les quartiers en dés et mixez-les avec le jus de citron.

2 Faites chauffer 10 cl d'eau avec le sucre, portez à ébullition, laissez frémir pendant 2 min, puis retirez du feu. Laissez refroidir complètement le sirop avant de l'incorporer à la purée de melon citronnée.

3 Ajoutez l'amaretto et mélangez, puis faites turbiner la préparation en sorbetière pendant 40 min.

4 Faites griller à sec les amandes effilées et parsemez-en le sorbet au moment de servir.

LES MELONS DE DUMAS

En 1864, le directeur de la bibliothèque de Cavaillon écrivit aux auteurs à la mode pour leur demander d'enrichir son fonds de leurs œuvres. Alexandre Dumas, grand amateur de melons, répondit favorablement. Il proposa tous ses ouvrages parus et à paraître en échange d'une rente viagère de douze melons par an… Il les reçut jusqu'à sa mort, en 1870.

Madeleines à la fleur d'oranger

• *Préparation* **20 min** • *Cuisson* **8 min** • *Repos* **30 min**
• *Pour* **4 personnes**

Ingrédients

• 125 g de beurre + supplément pour les moules • 125 g de farine • 1 sachet de levure chimique • 4 œufs • 120 g de sucre • 2 cuillerées à soupe de miel • 2 cuillerées à soupe d'eau de fleur d'oranger • Sel

1 Faites fondre le beurre. Mélangez la farine, la levure et 1 pincée de sel. Fouettez les œufs avec le sucre jusqu'à ce que le mélange blanchisse, incorporez-les au mélange de farine. Ajoutez le beurre fondu, le miel et l'eau de fleur d'oranger. Remuez et réservez au frais pendant 30 min.

2 Répartissez la pâte dans des moules à madeleines beurrés et faites cuire au four à 210 °C pendant 4 min, puis baissez la température à 180 °C et poursuivez la cuisson pendant 3 min.

3 Démoulez les madeleines dès la sortie du four. Laissez refroidir avant de déguster.

Index

Crédits iconographiques

Kharbine-Tapabor : couverture d et g.

Oredia : p. 4 g, 7, 10, 16, 29, 30 b, 51 b, 54 b, 92 h (© Tombini Marie-Laure/Oredia) ; p. 22 (© Redcover/ Orédia) ; p. 25 (© Dearnley Ben/ACP Syndication/Oredia) ; p. 39 d (© Sarie/Camerapress/Oredia) ; p. 49 h (© Creon/Orédia) ; p. 53 (© Camerapress/Oredia) ; p. 60 (© True Love/Camerapress/Oredia) ; p. 70 b (© Rob Shaw/ACP Syndication/Oredia) ; p. 73 (© Garrett/Camerapress/Oredia) ; p. 90 (© Treloar Debi/ Redcover/Oredia).

Istockphoto : p. 2 h (© Sandra Caldwell) ; p. 2 bd, 24, 30 c (© Floortje) ; p. 5 (© Tanya_F) ; p. 6 (© Andrea Skjold) ; p. 8, 61 (© Linda & Colin McKie) ; p. 9 h (© Elena Korostelev) ; p. 9 b (© Brian Chase) ; p. 11 (© Johanna Doorenbosch) ; p. 15 b (© Nicu Ivan) : p. 17 (© Concettina D'Agnese) ; p. 18 b ((© Sandra Caldwell) ; p. 19 (© Stuart Pitkin) ; p. 20 h (© Güliz Özarslan) ; p. 23 (© Mlisager) ; p. 27 b (© Kata Ribanszky) ; p. 28 (© Vikif) ; p. 33 (© Gabrieldome) ; p. 35 (© Vladimir Semenov) ; p. 36 h (© Rainer Plendl) ; p. 37 (© Eric Tadsen) ; p. 38 h (© Darren Wise) ; p. 45 (© Svetlana Kolpakova) ; p. 47 d (© ShyMan) ; p. 48 (© Liv Friis-Larsen) ; p. 49 b (© Kivoart) ; p. 50 (© Linda & Colin McKie) ; p. 55 (© Jack Puccio) ; p. 57 hg (© Angela Gyorfy) ; p. 57 hd (© Ivan Ivanov) ; p. 58 (© Dušan Zidar) ; p. 59 (© Yevgen Timashov) ; p. 63 b (© Rafa Irusta) ; p. 64 (© Monika Wisniewska) ; p. 67 b (© Kelly Cline) ; p. 68 (© Jörg Beuge) ; p. 71 h (© Francesco Ridolfi) ; p. 71 cg (© Laurent Renault) ; p. 75 b (© Elena Korostelev) ; p. 77 b (© Scott Karcich) ; p. 83 b (© Mark Stout) ; p. 84 h (© Ralph Paprzycki) ; p. 85 h (© Ricardoazoury) ; p. 85 b (© Dr. Heinz Linke) ; p. 86 (© Christian Martínez Kempin) ; p. 87 b (© PaulMaguire) ; p. 88 h (© Carmen Martínez Banús) ; p. 88 b (© Roman Sigaev) ; p. 89 (© Jean Gill).

Fotolia : couverture c ; p. 2 bc, 27 c (© Angel Simon) ; p. 3 d, 69 c (© Ernst Fretz) ; p. 4 bd, 31, 43 (© Comugnero Silvana) ; p. 12 h (© Sebastien Montier) ; p. 12 b (© Joss) ; p. 13 (© ChantalS) ; p. 14 h (© JMD) ; p. 14 b (© Unclesam) ; p. 15 h (© Fadeeva) ; p. 18 h (© Luca Sprea) ; p. 20 b (© Serg Zastavkin) ; p. 21 h (© Jovan Nikolic) ; p. 21 b, 32 h, 69 b, 79 d (© Bistrot) ; p. 27 h (© Rémy Masseglia), p. 32 b (© MarcoGusella.it) ; p. 34 (© Luca Sprea) ; p. 36 b (© Aogi) ; p. 38 b (© Margouillat photo) ; p. 39 b (© Alexandar Iotzov) ; p. 40 h (© Seb Hovaguimian) ; p. 40 b (© Giuseppe Parisi) ; p. 41 h, 52 (© HLPhoto) ; p. 42 (© Thomas Perkins) ; p. 44 (© Maceo) ; p. 46 (© Cybervelvet) ; p. 51 h (© Chandelle) ; p. 56 (© Team 5) ; p. 57 c (© Monika Adamczyk) ; p. 57 b, 72 (© Emmi) ; p. 62 (© Msheldrake) ; p. 63 h (© Naty Strawberry) ; p. 65 h (© L.Bouvier) ; p. 65 b, 66 (© JJAVA) ; p. 70 h (© Betweenstrap) ; p. 71 cd (© Martine A Eisenlohr) ; p. 74, 77 h (© Nathalie Dulex) ; p. 75 cd (© Lamax) ; p. 76 (© Msheldrake) ; p. 78 h (© Pawel Strykowski) ; p. 78 b (© Elzbieta Sekowska) ; p. 79 b (© Setra) ; p. 80 (© Chanelle) ; p. 81 h (© Jan Will) ; p. 82 (© Yevgeniya Shal) ; p. 83 cd (© Yves Roland) ; p. 84 b (© Kim D. French) ; p. 87 h (© Goran Majstorovic) ; p. 91 (© Carmen Steiner) ; p. 92 b (© Twilight_Art_Pictures) ; p. 93 (© Etienn280).

1186, rue de Cocherel, 27000 Évreux

Concept original et création : © ET CRÉO
Textes : Nathalie Bucsek
Création graphique : Atwazart

Réalisation : Copyright
Auteur : Laure Sirieix
Collaboration rédactionnelle : Anne-Laure Estèves
Mise en pages : Bertrand Loquet
Photogravure : RVB

Imprimé en Flandre
à Turnhout - Belgique
Achevé d'imprimer : 1er trimestre 2011
Dépôt légal : 1er trimestre 2011